B. F. Skinner / M. E. Vaughan

Mit 66 Jahren …

Lebensfreude kennt kein Alter

Aus dem Amerikanischen
von Christian Spiel

Mosaik Verlag

Originaltitel: Enjoy Old Age
Originalverlag: W. W. Norton & Company, New York

Mosaik Verlag GmbH, München 1985 / 5 4 3 2 1
Satz: Filmsatz Schröter GmbH, München
Druck und Bindung:
Mohndruck Graphische Betriebe GmbH, Gütersloh
Printed in Germany · ISBN 3-570-01149-6

Inhalt

KAPITEL 7

Ein gemütliches Heim schaffen 88

KAPITEL 8

Mit Leuten gut zurechtkommen 106

KAPITEL 9

Gefühlen auf den Grund gehen 117

Dem Andenken an meinen Vater
William Arthur Skinner
B. F. Skinner

Dem Andenken an meinen Vater
Robert Bergh Cedergren
M. E. Vaughan

Die Autoren danken Jean Kirwan Fargo
für ihre unschätzbare Hilfe
bei der Erstellung des Manuskripts.
Wir haben ein Referat
des älteren der beiden Autoren,
Intellectual Self-Management in Old Age,
herangezogen, das im März 1983 im
American Psychologist erschien,
und danken für die Erlaubnis.

Vorwort

Auf der Jahresversammlung des Amerikanischen Psychologenverbandes im August 1982 hielt ich einen Vortrag mit dem Titel »Geistige Selbstgestaltung im Alter«, in dem ich einen Überblick gab über meine eigenen Versuche, mich geistig aktiv zu halten. Ich war damals achtundsiebzig Jahre alt. Es war kein wissenschaftlicher Forschungsbericht, sondern eine Darstellung meiner eigenen Bemühungen. Einiges hatte mir einfach der gesunde Menschenverstand eingegeben, manches hatte ich durch Lesen erworben, aber vieles bestand aus Nutzanwendungen der Erkenntnisse, die mir die experimentelle Verhaltensanalyse vermittelt hat.

Auf derselben Veranstaltung hielt ich auch einen zweiten, meiner Meinung nach viel wichtigeren Vortrag, »Warum wir nichts tun, um die Welt zu retten«, doch die Presse griff nur meine Bemerkungen über das Alter auf. Ich wurde zu Fernsehshows, Talkshows und Rundfunksendungen eingeladen. Leute schrieben mir Briefe über ihre Probleme oder die ihrer alternden Eltern. In großer Zahl erreichten mich Bitten um Kopien meines Textes, von denen Hunderte verschickt wurden. Ganz offensichtlich waren viele Leute daran interessiert, den Problemen des Altwerdens aktiv zu begegnen.

Schon bald drängte mich ein Dutzend Verleger, den Text des Vortrags zu einem Buch zu erweitern. Dummerweise hatte zu meinen Empfehlungen auch der Ratschlag gehört, daß man seine Verpflichtungen einschränken solle, wenn man älter wird.

Ich war damals gerade damit beschäftigt, den letzten Band meiner Autobiographie abzuschließen, und zugleich hatte ich mit Hilfe von Kollegen zwei neue Bücher in Angriff genommen. Ist es klug, fragte ich mich, sich noch ein drittes aufzubürden?

Einer dieser Kollegen war eine Frau, Dr. Margaret Vaughan, mit der ich ein Buch über mein Vortragsthema schrieb, warum wir nichts unternähmen, um die Welt zu retten. Sie hatte einen Kurs in Gerontologie durchgeführt, kannte sich auf dem Gebiet gut aus und hatte mich obendrein bei meinem Vortrag über das Altwerden unterstützt. Sie arbeitete damals an einer Broschüre, die die *National Institutes of Health* für die Beratung älterer Patienten an Ärzte verteilen wollten. Margaret Vaughan und ich fragten uns, ob wir ein Buch über das Alter schreiben könnten, ohne unsere anderen Arbeiten zu sehr zu beeinträchtigen. Wir hatten den Eindruck, es ließe sich machen, wenn wir medizinische und finanzielle Probleme beiseite ließen und uns auf das Alltagsleben aktiver alter Menschen beschränkten. Dabei ist dieses Buch herausgekommen.

Die Philosophen unterscheiden zwischen Wissen aus persönlicher Erfahrung und Wissen aus

Beschreibung. Wer dieses Buch liest, wird ein wenig von beidem darin finden. Ich *erfahre* das Alter seit etlichen Jahren, und Dr. Vaughan kennt sich gut darin aus, wie es *beschrieben* worden ist. Ein großer Teil des folgenden Textes, zum Teil aus meinem Vortrag über geistige Selbstgestaltung, beschreibt meine eigenen Lösungen für die Probleme des Altwerdens. Der Rest, vor allem was Dr. Vaughan beigesteuert hat, ist aus der Literatur über das Altern zusammengetragen.

Doch es gibt noch eine andere Art der Wissensvermittlung. In jedem Bereich der Wissenschaft begegnet man zwei Sprachen. Die eine spricht der Astronom, wenn er seinen Kindern erzählt, daß nach Sonnenuntergang die Sterne am Himmel sichtbar werden. Mit seinen Kollegen spricht er in einer anderen. Vor vielen Jahren lenkte der englische Astronom Sir Arthur Eddington die Aufmerksamkeit auf dieses Problem, als er von den beiden Tischen des Physikers sprach: dem Schreibtisch als Arbeitsgerät und demselben Tisch als eine Anordnung von Partikeln in einem zumeist leeren Raum. Auch die Verhaltensforscher sprechen zwei Sprachen und werden dabei sehr oft mißverstanden. Unsere Alltagssprache ist überaus reich an überkommenen Ausdrücken zur Erklärung menschlichen Handelns. In der strengen Wissenschaft können sie nicht verwendet werden, aber in einem ungezwungenen Gespräch sind sie nützlich und notwendig.

Wäre dieses Buch eine wissenschaftliche Abhandlung, hätten wir es in ganz anderer Form geschrieben. Sein Inhalt hätte sich viel leichter in exakte Beziehung zu anderen Fakten menschlichen Verhaltens setzen lassen und wäre für wissenschaftliche Untersuchungen der Altersprobleme viel besser verwendbar gewesen. Doch dann hätten wir unsere Absicht verfehlt. Es wäre Millionen Menschen unzugänglich gewesen, die gewiß nicht wissenschaftlich über das Alter nachdenken, aber etwas unternehmen wollen, um es genießen zu können. Dem Leser bleibt die Entscheidung überlassen, ob ihm die Alltagssprache genügt. Und die Verhaltensforscher müssen sich eben ihre eigene Übersetzung machen. (Sie finden am Ende des Buches ein paar einfache Vorschläge.)

B. F. Skinner
Cambridge, Massachusetts, Januar 1983

KAPITEL 1

Nachdenken über das Altwerden

Wie jedermann weiß, wächst die Zahl der alten Menschen auf der Erde rapide an. In der Bundesrepublik Deutschland leben heute neun Millionen Menschen, die über fünfundsechzig Jahre alt sind, das sind fünfzehn Prozent der Bevölkerung. Zur Jahrhundertwende konnte man nur mit einer durchschnittlichen Lebenserwartung von fünfundvierzig oder achtundvierzig Jahren rechnen – heute beträgt sie in Deutschland für die Männer siebzig und für die Frauen sechsundsiebzig Jahre. Nur vier Prozent der über Fünfundsechzigjährigen leben heute in Alters- und Pflegeheimen, und die Zahl derjenigen, die noch gemeinsam mit ihren erwachsenen Kindern und Kindeskindern wohnen, geht immer weiter zurück. Die neun Millionen alten Menschen in der Bundesrepublik leben in 6,6 Millionen Haushalten und allzu viele von ihnen, nämlich 3,6 Millionen, leben da allein. Was ist, wenn sie erkranken – und davor sorgen sich viele? Doch die meisten erfreuen sich dank der Fortschritte medizinischer Erkenntnis und Betreuung und des wachsenden Lebensstandards recht guter Gesundheit.

Es ist schön, daß Menschen heute länger leben und weniger unter Armut und Krankheit zu leiden haben als in früherer Zeit. Doch wenn sie keine Lebensfreude haben, ist damit nicht viel gewonnen. Dies ist ein Problem, das mit der Verlängerung des Lebensabends entstanden ist.

Dem Alter entgegenblicken

Eine gute Zeit, über das Alter nachzudenken, sind die Jahre der Jugend. In jungen Jahren kann man viel dafür tun, die Chancen fürs Alter zu verbessern. Nehmen wir zum Beispiel an, Sie wollten den Rest Ihrer Tage in einem anderen Land verbringen: Dann würden Sie sich bestimmt bemühen, möglichst viel darüber in Erfahrung zu bringen. Sie würden Bücher über das Klima und die Menschen, über Geschichte und Architektur dieses Landes lesen. Sie würden sich mit Menschen unterhalten, die dort gelebt haben. Vielleicht würden Sie sogar die neue Sprache lernen. Das Alter läßt sich in manchem mit einem anderen Land vergleichen – man hat mehr davon, wenn man sich vor Antritt der Reise darauf vorbereitet hat.

Doch bei vielen sträubt sich etwas dagegen. Zu oft erscheint ihnen das Land des Alters als eine bedrückende Öde. In den Reisebüros gibt es keine Prospekte, die es in lockend bunten Farben schildern. Im Gegenteil: Seit Jahrtausenden wird es als ein Schauplatz von Trauer, Krankheit und Armut beschrieben. Wir wollen alle lange leben, doch alt werden oder darüber nachdenken – das will keiner.

Junge Menschen machen sich häufig eine viel zu düstere Vorstellung vom Alter. Es ist für sie die Zeit, in der sie für die Schulden ihrer Jugend zur Kasse gebeten werden. Sie rauchen sorglos ihre Zigaretten weiter und verdrängen die Gefahr des Lungenkrebses in eine Zukunft, die ihnen so fern scheint, als könnte sie niemals Gegenwart sein. Für sie ist das Alter eine Art Abladeplatz für die Folgen des Raubbaus, den sie an sich betreiben.

Trotzdem läßt sich über diese Lebenszeit ein Büchlein von freundlicher Buntheit schreiben. Das Alter ist an sich gar nicht schlimm, und vernünftiges Planen kann es noch besser machen. Wenn junge Menschen erst einmal wissen, was sich tun läßt, um es zu verbessern, werden sie eher für ihr Alter planen. Eine Zukunft voll eigener Reize entfaltet sich auch, indem sie unsere Aufmerksamkeit auf sich zieht.

Wir müssen unsere Bemerkung über die Einstellung junger Menschen zum Alter freilich etwas relativieren. In bezug auf Gesundheit und Vitalität denken heute viele von ihnen doch an die Zukunft. Sie treiben Sport und andere körperliche Entspannung, sie passen beim Essen auf und prüfen sorgfältig, wie es mit den Pensionsaussichten in ihrem Betrieb aussieht. Kurz gesagt, sie planen besser als früher. Aber sie planen nur für ihre Gesundheit. Die *Freude* am Alter bedarf einer Planung andrer Art. Dazu wollen wir mit unserem Buch beitragen.

Es ist ein zweiter guter Grund, über das Alter nachzudenken, wenn man für alte Menschen verantwortlich ist oder mit ihnen zu tun hat. Vielleicht leben noch die Eltern bei Ihnen oder in der Nähe, vielleicht haben Sie Freunde in vorgerücktem Alter. Selbstverständlich wissen Sie, was zu tun ist, wenn sie in gesundheitliche oder finanzielle Nöte geraten. Doch was kann man tun, wenn diese alten Menschen offensichtlich keine Freude an ihrem Leben haben? Vielleicht ist es für Sie selbst ein Gewinn, wenn Sie dazu beitragen, daß diese alten Leute sich an ihrem Dasein freuen – denn mit Krankenkasse und Sozialleistungen allein ist es nicht getan. Dazu gehört mehr.

Es gibt noch andere zwingende Gründe, sich um alte Menschen zu kümmern. Vielleicht sind Sie Abgeordneter, der sich mit Gesetzesvorlagen über Wohnungsbau, öffentliche Sicherheit und medizinische Betreuung beschäftigen muß; vielleicht ein Geistlicher, der alten Gemeindemitgliedern mit Ratschlägen zur Seite steht; vielleicht betreiben Sie ein Seniorenheim oder eine andere Einrichtung für alte Menschen; oder Sie arbeiten als Psychotherapeut, Sozialarbeiter, als Krankenschwester mit Hausbetreuung oder in anderen sozialen Diensten. In der Regel haben Sie sich dabei vor allem um den Gesundheitszustand und das körperliche Befinden alter Menschen gekümmert. Sie würden einen ebenso wichtigen Beitrag leisten, wenn Sie sich der psychischen Bedingungen annähmen, unter denen diese mehr vom Leben und Freude im Alter haben.

Natürlich denkt man vor allem ans Alter, wenn man selbst alt geworden ist. Oft fühlt man sich vom Alter überrumpelt. Es schleicht sich heran und überfällt einen plötzlich, unvermutet – man hat ja ganz bewußt die Augen davor verschlossen. Aus eigenen Erfahrungen läßt sich darüber auch nichts lernen, man wird nur ein einziges Mal im Leben alt. Was man darüber weiß, stammt allein aus der Beobachtung alter Menschen – entweder im realen Leben oder in Theaterstücken, Filmen und im Fernsehen – oder aus Büchern und Zeitungsartikeln, die man über das Alter gelesen hat. Dies alles ist Wissen aus zweiter Hand und genügt kaum zur Vorbereitung auf das eigene Alter.

Vermutlich ist es Ihnen schwergefallen, sich selbst als »alt« zu betrachten. Wahrscheinlich haben Sie zu irgendeinem Zeitpunkt angefangen, sich als »älter« zu bezeichnen – weil dieses Wort nur einen graduellen Unterschied bedeutet und noch keinen Bruch – und sich schließlich zu den »Älteren« gerechnet. Die meisten von uns können sich erinnern, wann sie zum erstenmal hörten, daß jemand sie alt nannte, und irgendwann gab man dann nach und nannte sich selber alt, so weh es auch tat. Aber selbst dann war nicht leicht zu verstehen, was das Wort »alt« in seiner ganzen Bedeutung meinte, und warum das Alter so viele Probleme mit sich gebracht hat.

Viele Menschen nehmen das Alter mit all seinen Nachteilen einfach passiv hin; sie finden sich ab mit den Schmerzen und Verlusten und fügen sich ein in die Haltung schweigenden Ertragens. Sie resignieren. Andere lehnen sich voller Groll gegen das Alter auf, sie rennen dagegen an und verfluchen es. Wir schlagen etwas anderes vor: Gehen Sie Ihr Alter als ein Problem an, das es zu lösen gilt. Unternehmen Sie alle denkbaren Schritte, um Ihre Lebensfreude im Alter zu erhöhen. Wir wagen sogar zu behaupten, daß diese Bemühungen selbst zu den Dingen gehören können, die einen bereichern. Statt über das welke und vergilbte Blatt zu klagen, können wir uns an der bunten Pracht des Herbstlaubs freuen. Anstatt sich an den Geschmack bitterer Früchte zu gewöhnen, können wir den letzten süßen Tropfen Saft aus der Orange pressen.

Ein Überblick auf das Folgende

Kapitel 2: Dem Alter aktiv begegnen. Freude am Leben haben, bedeutet, das zu tun, was man gern tut. Irgend jemand hat behauptet, wenn man keine Freude am Leben hat, müsse es an einem selbst liegen. Öfter aber liegt es an unserer Umwelt. Wir wollen die Unvollkommenheit des Alters nicht wegdiskutieren; wir meinen nur, die Umwelt alter Menschen sollte so gestaltet werden, daß sie möglichst leicht zu ertragen ist.

Kapitel 3: Mit der Welt in Kontakt bleiben. Wie jeder alte Mensch haben vermutlich auch Sie festgestellt, daß Ihre Sinne nicht mehr so scharf sind wie früher, und daß Sie sich langsamer, weniger gelenkig bewegen. Eine Brille, ein Hörgerät und ein Gehstock sind natürlich nützlich, aber nur zu häufig reichen sie nicht aus. Sie brauchen eine Umgebung, die Ihnen hilft, Sie unterstützt – eine Welt, zu der Sie besser Kontakt halten können.

Kapitel 4: Mit der Vergangenheit in Kontakt bleiben – Schwierigkeiten, sich zu erinnern. Vieles, was Sie im Laufe Ihres Lebens gelernt haben, läßt sich nicht mehr so leicht »abrufen« wie früher, es gerät in Vergessenheit. Sie vergessen sogar, Dinge zu tun, an denen sie Freude hätten. Es ist Ihnen peinlich, wenn Ihnen Namen entfallen sind oder daß Sie eine Verabredung vergessen haben. Einem schlechten Gedächtnis kann weder eine Brille noch ein Hörgerät abhelfen; aber es gibt Übungen und Techniken, die einem bei Vergeßlichkeit auf die Sprünge helfen und dafür sorgen, daß sie sich weniger nachteilig auswirkt.

Kapitel 5: Klar und geordnet denken. Vielleicht fällt es Ihnen nicht leicht, so klar zu denken wie in früheren Jahren. Wahrscheinlich ist daran die gleiche Veränderung im Nervensystem schuld wie bei unserer Vergeßlichkeit, und auch in diesem Fall gibt es keine hilfreichen Geräte. Aber Sie können Strategien entwickeln, die klares Denken erleichtern. Sie sind für Menschen jeden Alters nützlich, für alte Menschen aber ganz besonders.

Kapitel 6: Seine Zeit ausfüllen. Das Ende des Arbeitslebens bringt viele Veränderungen mit sich. Wenn Sie Glück haben, können Sie auch weiter tun, was

Ihnen früher lag. Wenn nicht, müssen Sie andere Dinge ausfindig machen, die Ihnen Freude bereiten. Denn die Alternative hieße Langeweile oder Depression.

Kapitel 7: Ein gemütliches Heim schaffen. Das Altern bringt es oft mit sich, daß man in ein kleineres Haus, eine kleinere Wohnung oder auch in einen ganz anderen Ort zieht. Daraus ergeben sich Probleme. Aber wo Sie auch leben – bestimmt haben Sie den Wunsch, Ihre Umgebung möglichst freundlich und angenehm und frei von unliebsamen Störungen zu gestalten. Vielleicht liegt Ihnen auch daran, neue Wege zu finden, um Ihre Mußezeit genießen zu können.

Kapitel 8: Mit Leuten gut zurechtkommen. Man wird mit dem Alter selten schöner und liebenswürdiger. Das ist einer der Gründe, weshalb es auch immer schwieriger wird, neue und zumal junge Freunde zu gewinnen und zu behalten. Doch es liegt an Ihnen, ein geselliger Mensch zu sein und Einsamkeit zu vermeiden.

Kapitel 9: Gefühlen auf den Grund gehen. Sie werden kaum Freude am Leben haben, wenn Sie bekümmert, niedergeschlagen oder deprimiert sind. Natürlich läßt es sich viel besser leben, wenn man fröhlich ist, sich sicher fühlt und erfolgreich. Sie fühlen sich so, wie Sie gestimmt und gelaunt sind; aber Ihre Stimmungen hängen nicht zuletzt davon ab, was Sie tun. Und was Sie tun, läßt sich ändern.

Kapitel 10: »Das Schicksal aller« – die Angst vor dem Tod. Das Gefühl, das unsere alten Tage am häufigsten beschwert, ist die Angst vor dem Tod. Es fällt jedem Menschen schwer, sich mit der Tatsache abzufinden, daß er nicht ewig leben kann. Doch was wir wirklich fürchten sollten: daß die Angst vor dem Tod uns vor der Zeit die Freude am Leben vergällt.

Kapitel 11: Das Hohe Alter spielen. Seit Tausenden von Jahren hat man von alten Menschen gesagt, sie seien egoistisch, knickrig, verschroben und vieles andere mehr. Wenn Sie sich bei einem solchen Verhalten ertappen, müssen Sie nicht unbedingt auf Ihren Charakter schließen. Für das, was Sie tun, ist zum großen Teil die Umwelt verantwortlich, in der Sie leben; und in einer anderen Umwelt wären Sie vielleicht auch ein anderer Mensch.

Kapitel 12: Eine große Leistung – »die Größe und Vortrefflichkeit des Alters«. Walt Whitman hat davon gesprochen, und wenn Sie dieses Wort kennen, haben Sie sich vielleicht wie viele alte Menschen gefragt, was zum Teufel er damit gemeint hat. Aber Whitman schrieb kein dummes Zeug, und wenn Sie Ihr Leben im Alter sorgfältig planen, entdecken Sie vielleicht, daß er gar nicht so unrecht hatte.

Nicht alles, was wir schreiben, wird auf jeden alten Menschen zutreffen. Es gibt sehr verschiedene alte Leute, und wie sie mit dem Alter umgehen, hängt ab von ihrem Bildungsgrad, ihrer Religion, ihrer ethnischen oder nationalen Identität, ihrer Familie, ihren früheren oder jetzigen Beschäftigungen, ihren Interessengebieten und vielem anderen mehr. Unsere Empfehlungen werden auch nicht immer Erfolg haben. Dieser Text ist keine wissenschaftliche Abhandlung. Er ist eher ein freundschaftlicher Rat. Im Prolog zu Shakespeares *Heinrich V.* wird – eingedenk der Begrenztheit des Dramas – das Publikum aufgefordert: »Ergänzt mit den Gedanken unsere Mängel.« Wir, die Autoren, bitten Sie, unsere Bemerkungen so abzuwandeln, daß sie zu Ihrem eigenen Leben passen. Vielleicht können Sie dabei auch ein paar von Ihren »Mängeln« durch *unsere* Gedanken ergänzen.

Dennoch sollten wir uns immer vor Augen halten, daß wir diese Unvollkommenheiten nur zum Teil ausgleichen und nicht zu einer unbeschwerten Jugendzeit zurückkehren können.

Der große englische Schriftsteller Samuel Johnson hat einen berühmt gewordenen Ausspruch hinterlassen: »Alle Argumente, die aufgeboten werden und beweisen sollen, daß die Armut nicht von Übel ist, zeigen nur eines: daß sie offenkundig ein großes Übel ist. Niemand dagegen braucht sich anzustrengen, einen zu überzeugen, daß man mit einem üppigen Vermögen glücklich und zufrieden leben kann.«

Er hätte ähnliches über dieses Buch sagen können. Wenn wir uns bemühen, Sie zu überzeugen, daß man sich am Alter freuen kann – zeigen wir damit nicht, daß es in Wahrheit ein großes Übel ist? Kein Zweifel: es werden nicht viele Bücher geschrieben, um einem zu beweisen, daß man glücklich sein kann, *obwohl* man jung ist. Im Gegenteil, wie der englische Dichter Wordsworth formuliert hat:

> »Selig war's, in dieser Morgenröt' zu leben,
> doch jung zu sein, das war der Himmel selbst.«

Freilich müssen wir bedenken, daß auch die Jungen ihre Probleme haben, daß auch die Jugendzeit nicht ohne Mängel ist. Eine Menge Leute werden Ihnen erzählen, daß sie in ihrer Jugend unglücklich waren. Tatsächlich gibt es eine erschreckend große Zahl von jungen Menschen zwischen fünfzehn und vierundzwanzig Jahren, die Selbstmord begehen.

Trotzdem ist es sicher leichter, glücklich zu sein, wenn man jung ist. Brownings Rabbi Ben Ezra täuschte sich leider: das Alter, »die letzte Spanne unseres Lebens«, ist nicht der Teil, »für den die erste war gemacht«. Der Zweck unseres Lebens besteht nicht darin, alt zu werden. Und es wäre ein schwerer Irrtum, wenn junge Menschen glaubten, das Beste liege noch vor ihnen. Dennoch können wir uns freuen auf die Jahre, die noch kommen – wir müssen nur einfach ein bißchen gründlicher über das Alter nachdenken.

KAPITEL 2

Dem Alter aktiv begegnen

Psychologen haben herauszufinden versucht, was an alten Menschen anders ist als an jungen. Sie haben Interviews geführt, Umfragen veranstaltet, Listen zusammengestellt und Tests durchgeführt. Sie haben beispielsweise in Erfahrung gebracht, wie alte Menschen sich selbst sehen, wie sie sich im Alter fühlen, ob man im Alter langsamer lernt oder rascher vergißt. Dieses Faktenwissen ist viel umfangreicher als alle Kenntnis, die man sich durch den persönlichen Umgang mit ein paar alten Menschen erwerben kann, und durchaus in vielem von Nutzen. Leider aber führen diese wissenschaftlichen Erkenntnisse nicht direkt zu praktisch verwertbaren Ratschlägen, weil sie nichts darüber sagen, *warum* alte Menschen sich so verhalten oder was sie dazu bewegen könnte, etwas anders zu tun, sich anders zu verhalten.

Wenn die Freude am Leben von persönlichen Charakterzügen oder Mentalitäten abhängt: Wie erklärt es sich dann, daß Menschen in ihrer Jugend Lebensfreude empfinden, sie aber später verlieren? Die Frage wird manchmal mit dem Hinweis auf die »Entwicklung« beantwortet. Das Verhalten von Menschen hänge davon ab, wie lange sie schon lebten und welche Entwicklungsstufe sie erreichten. Bei Kindern wendet man diese Erklärung häufig an. Bestimmte Sätze, die sie sprechen, Begriffe, die sie verwenden, erscheinen – so glaubt man – zu ganz bestimmten Zeiten wie die Triebe einer Pflanze. Auch durchlebten Kinder Phasen, in denen sie gemäß einem natürlichen Entwicklungsrhythmus eben narzißtisch oder schwierig seien. Das mag schon sein – aber damit weiß man noch nicht, was man dagegen unternehmen kann. Den Eltern eines Sorgenkindes ist nicht viel geholfen, wenn man ihnen empfiehlt, geduldig abzuwarten, bis es ein Alter erreicht hat, in dem es weniger Schwierigkeiten macht. Und das Alter als eine Durchgangsphase zu betrachten ist sicher keine sehr ermutigende Einstellung, denn es ist ja die letzte Lebensperiode, nach der keine »Entwicklung« mehr möglich ist. So lassen sich die Probleme alter Menschen nicht lösen.

Manchmal will man uns mit dem Alter versöhnen, indem man uns sagt, es sei etwas Natürliches, das es zu ertragen gelte. Aber es gibt viele »natürliche« Dinge, auf die wir nur zu gern verzichten – extreme Temperaturen, anstrengende Arbeit und dergleichen. Es gibt keinen »natürlichen« Grund, keine Freude am Alter zu haben.

Es läßt sich nicht bestreiten, daß ein physiologischer Prozeß des Alterns abläuft, dem man nicht entrinnen kann. Aber der Körper verändert sich nicht in einem starren Tempo, und die körperlichen Veränderungen sind nicht der einzige Faktor in dieser Rechnung. Wenn unsere Entwicklung allein vom

Gang der Zeit abhinge, müßten wir einen Jungbrunnen finden, um die Entwicklung umzukehren. Wenn aber viele unserer Probleme anderen Quellen entspringen, dann brauchen wir auch nicht nach Wundern Ausschau zu halten.

Statt allein die Jahre zu zählen, können wir mit größerem Nutzen die verschiedenen Lebensalter auch danach unterscheiden, was für jedes einzelne charakteristisch ist. Shakespeare beginnt in *Wie es euch gefällt* mit dem Kleinkind, das »in der Wärtrin Armen greint und sprudelt«. Als nächstes kommt das Schulkind, das »wie eine Schnecke ungern zur Schule kriecht«; dann der Verliebte, der »wie ein Ofen seufzt«; der Soldat auf der Suche nach der »Seifenblase Ruhm«. Ihm folgt zu gegebener Zeit der ältere Mensch »voll weiser Sprüch' und neuster Exempel«. Schließlich ist das Stadium erreicht, in dem man »pfeift und quäkt«, und dann folgt die »zweite Kindheit, gänzliches Vergessen, ohn' Augen, ohne Zahn, Geschmack und alles«.

Doch dieser Ablauf ist kein Naturgesetz: Ein jeder Mensch tut die Dinge auf seine Weise und in anderer Entwicklungsfolge. Wir alle haben schon Kinder erlebt, die sich in frühen Jahren wie Erwachsene benehmen mußten und »über ihr Alter hinaus« waren, oder brillante junge Menschen mit alten Köpfen auf ihren jugendlichen Schultern. Und ebenso sind wir Menschen begegnet, die viel zu lange wie Kinder behandelt wurden. Innerhalb der uns vom physiologischen Alterungsprozeß gezogenen Grenzen bestimmt das, was wir erleben und worauf wir reagieren, ob wir uns jung oder alt fühlen und verhalten. Der amerikanische Bundesrichter Oliver Wendell Holmes hat es so ausgedrückt: »Siebzig Jahre *jung* zu sein, ist manchmal sehr viel fröhlicher und hoffnungsvoller, als vierzig Jahre *alt* zu sein.« Und eine Menge Leute hätten gar nichts dagegen, Siebzig zu sein, wenn sie auch dann noch tun können, was sie mit Vierzig getan haben.

Dinge, die Folgen haben

Moderne Entwicklungspsychologen gehen über dieses blanke Wachstumsmodell hinaus. Sie gehen von dem Ansatz aus: Was sich entwickelt, ist die Umgebung, in der die Menschen leben. Wenn sie älter werden, tun sie Dinge auf unterschiedliche Weise, weil ihre Reaktionen sich unter unterschiedlichen Bedingungen entwickeln. Das Kind, dessen Sprachvermögen sich gleich den Trieben einer Pflanze entfaltet, hätte überhaupt nicht sprechen gelernt, wenn es alleingelassen worden wäre. Was sich entwickelt, ist die Verbalität der Umwelt, die auf immer komplexere Weise auf die kindlichen Äußerungen reagiert. Ein »schwieriges Verhalten« ist für ein bestimmtes Alter innerhalb einer bestimmten Kultur dann charakteristisch, wenn die Erwachsenen Kinder dieses Alters so behandeln, daß sie schwierig werden müssen. Freud legte großes Gewicht auf die sexuelle Entwicklung, und physiologisch gesteuerte sexuelle Veränderungen lassen sich nicht bestreiten; aber wie Menschen sich sexuell *verhalten*, hängt in hohem Maße von der Welt ab, in der sie leben.

Wie Menschen durch ihre jeweilige Umwelt geprägt werden – das ist der Kern der wissenschaftlichen Lehre, auf der dieses Buch basiert. Wir werden uns dieser Lehre gewissermaßen stillschweigend bedienen, uns ihre Leitsätze, nicht aber ihre Terminologie entlehnen. Sie kann viel zur Lebensfreude im Alter beitragen und läßt sich für unsere Zwecke in einer normalen Alltagssprache erörtern.

Von wesentlicher Bedeutung sind die Resultate unseres Tuns und Verhaltens. Was wir tun, geschieht wegen der Folgen, die es nach sich zieht. Manche Dinge »müssen getan werden«, denn wenn wir sie unterlassen, kommt es zu unerfreulichen Konsequenzen. So *müssen* wir beispielsweise unser Medikament nehmen oder aber Schmerzen erdulden. Wir *müssen* unsere Steuern zahlen, sonst ist eine Geld- oder gar Gefängnisstrafe fällig. Wir *müssen* uns mit Leuten unterhalten, die wir nicht mögen, sonst heißt es, wir seien unfreundlich. Wir *müssen* alle möglichen Formulare ausfüllen, oder die Vesicherung erstattet uns unsere Auslagen nicht. Die Folgen werden uns entweder aus eigener Erfahrung oder aus der Schilderung anderer klar, die solche Konsequenzen selbst erlebt oder ihrerseits davon gehört haben.

Andererseits gibt es Dinge, die wir »tun wollen«, weil sich daraus angenehme Folgen ergeben. Wenn wir hungrig sind, *wollen* wir unser Abendbrot essen, um satt zu werden. Wir *wollen* unsere Lieblingsshow im Fernsehen sehen, weil wir Spaß daran haben. Auch in diesen Fällen werden uns die Konsequenzen aus eigenem Erleben oder aus dem einsichtig, was andere uns erzählten.

Wenn wir über Lebensfreude im Alter sprechen, müssen wir auch die Dinge erwähnen, die wir *gern* oder die wir *ungern* tun. Daß sie uns zusagen, hängt nicht so sehr von ihrem Zweck als vielmehr davon ab, was geschieht, während wir sie tun. Es kann sogar sein, daß wir manches von dem, was wir tun *müssen*, gern tun, und manches von dem, was wir *wollen*, ungern. So *müssen* wir in aller Regel unseren Lebensunterhalt verdienen; aber wenn wir Glück haben, tun wir die Arbeit gern, mit der wir unser Brot erwerben. Wir *wollen* abnehmen, aber die Willensanstrengung und die kalorienarme Kost bereiten uns kein Vergnügen.

Wahrscheinlich werden sich die Dinge nie so einrichten lassen, daß wir immer tun können, was wir tun wollen. Ein paar werden immer bleiben, die getan werden müssen. Aber wir können alles, was wir tun, so einrichten, daß wir es gern tun, ob wir es nun tun wollen oder nicht. *Und das meinen wir, wenn wir sagen: Lebensfreude kennt kein Alter.* Auf den folgenden Seiten machen wir Vorschläge, die die Welt alter Menschen so verändern, daß sie mehr von dem tun können, was sie tun *wollen*, und daß ihnen öfter *Freude* macht, was sie tun, gleichgültig, worum es sich dabei handelt.

Was tun mit unseren Ratschlägen

Wenn wir Ihnen hier etwas von der Lebensweise erzählen, mit der man nach unserer Meinung das Alter erfreulicher gestalten kann, werden wir Ihnen vielleicht recht diktatorisch vorkommen. »Tun Sie das«, schreiben wir. Oder: »Tun Sie das nicht.« Wir meinen es aber nur in der Art, wie eine Kellnerin sagt: »Lassen Sie es sich schmecken.« Oder der Taxifahrer, dem Sie ein gutes Trinkgeld gegeben haben: »Machen Sie sich einen schönen Tag.« Wir drücken Wünsche aus. Die Kellnerin meint: »Guten Appetit.« Der Taxifahrer benutzt nur eine saloppe Version der altmodischen Höflichkeitsformel: »Ich wünsche Ihnen einen schönen Tag.«

Trotzdem sind Sie vielleicht nicht der Mensch, der solche Art Empfehlung schätzt. Vielleicht haben die Ratschläge, die Sie früher befolgten, nur dem »Ratgeber« einen Vorteil gebracht; vielleicht waren sie auch einfach schlecht. Wenn es so ist, können wir nur hoffen, daß ungefähr folgendes geschieht:

Sie lesen das Buch. Ein paar von unseren Vorschlägen erscheinen Ihnen vielversprechend. Sie probieren sie aus und stellen fest, daß es sich tatsächlich lohnt. Deshalb halten Sie sich weiter daran, und schon ist der nächste Schritt getan: Ihre Neigung, auch anderen unserer Anregungen zu folgen, hat sich verstärkt. Sind die Resultate abermals gut, stellt sich ein Schneeballeffekt ein. Schließlich werden Sie alles ausprobieren, was zu Ihren Lebensumständen paßt, und wir haben unser Bestes getan, Ihnen zu mehr Freude in Ihren Jahren zu verhelfen. Hoffentlich glauben Sie uns dann, daß wir uns nur in Ihrem Sinne und zu Ihrem Wohle eingemischt haben.

Wir können Sie natürlich nicht zu Ihrem Glück zwingen, und Sie können sich nicht mit Gewalt dazu bringen, das Alter zu genießen. Sie müssen die *Nei-*

gung haben, diese Wege einzuschlagen und danach zu handeln. Eine solche Neigung oder Bereitschaft kann man freilich wecken. Das erfordert in der Regel zwei Schritte. Der zweite wird Ihnen mehr Spaß machen, doch der erste bringt den zweiten in greifbare Nähe. Zum Beispiel: Sie können das Problem der Langeweile lösen, indem Sie neue Interessen entwickeln – für ein spezielles Gebiet der Musik, für bestimmte Bücher oder neuerdings für Sport. Für die Entwicklung eines solchen Interesses sind aber gewisse Vorbereitungen nötig, und es mag sein, daß Sie dazu keine große Lust haben. Doch wir hoffen, zeigen zu können, daß schon die Vorbereitungen selbst Freude machen. Mit anderen Worten: Sie sollen nicht nur das Alter genießen, sondern auch schon Spaß dabei haben, es angenehm einzurichten.

Sich am Leben zu freuen ist in keinem Alter einfach, wenn man nicht bei guter Gesundheit ist. Wir möchten jedoch darauf hinweisen, daß nicht nur ein guter Gesundheitszustand wichtig ist, damit man das Leben genießt, sondern daß umgekehrt auch die Lebensfreude der Gesundheit zugute kommt. Sie stärkt den »Willen zum Leben«. Außerdem werden Ihnen unsere Tips und Überlegungen auch helfen, Ihre Tabletten zur rechten Zeit zu nehmen und den Ratschlägen Ihres Arztes zu folgen. Wir bieten kein Patentrezept an. Für Menschen aller Altersstufen, doch insbesondere die alten, steckt die Lebensfreude nicht wie eine Goldmine in der Erde, die man nur anzugraben braucht. Sie muß Körnchen für Körnchen zusammengetragen werden. Doch wer fleißig schürft, der wird dabei auch reicher.

KAPITEL 3

Mit der Welt in Kontakt bleiben

Jemand hat einmal gesagt: Wenn man wissen will, was es für ein Gefühl ist, alt zu sein, dann soll man sich Dreck auf die Brille schmieren, Watte in die Ohren stopfen, schwere Galoschen anziehen und Handschuhe überstreifen – und versuchen, den Tag auf normale Weise zu verbringen. Es läßt sich nicht bestreiten: Wenn wir älter werden, lassen unsere Sinne nach und die Kraft unserer Muskeln schwindet. Man sieht das am deutlichsten bei Sportlern, die nur aus diesem Grund schon nach wenigen Jahren aus dem Leistungssport aussteigen müssen. Uns allen fällt es mit zunehmendem Alter schwerer, das zu tun, woran wir Freude haben. Doch im Unterschied zu Sportlern brauchen wir nicht aufzugeben.

Manche Mängel des Alters lassen sich auf verschiedene Weise ausgleichen. Brillen oder Hörgeräte haben genau diesen Effekt. Aber wir profitieren auch vom »Atmosphärischen« und von einer Umgebung, die so gestaltet ist, daß wir uns trotz unserer Schwächen ganz gut darin zurechtfinden. Die Forderung nach einer Umwelt, die das Leben leichter und sicherer macht, ist nicht neu. Wir schaffen sie Kindern, wenn wir für Bettchen, für Stühle und für Tische entsprechend ihrer Größe und für Tassen und Löffel sorgen, mit denen sie leicht umgehen können. Doch alte Menschen müssen nicht in ihre Kindheit zurückkehren, um eine Lebenssphäre zu finden, die auf ihre Bedürfnisse zugeschnitten ist, ihnen das Dasein erleichtert und damit erfreulicher macht.

Die Sehkraft

Bei mehr als fünfzig Prozent der Menschen über fünfundsechzig Jahre ist das Sehvermögen merklich geschwächt. Eine gut sitzende Brille ist da natürlich wichtig. Achten Sie beim Lesen stets darauf, den Kopf so zu halten, daß Sie einen günstigen Lichteinfall haben. Hilfreich ist auch ein Vergrößerungsglas, auf einen Ständer montiert, das man auch mit einem Leuchtring kombinieren kann. Sie können beim Lesen auch ein Vergrößerungsglas mit Griff benutzen, bei anderen Gelegenheiten ist eine kleine Leselupe praktisch, die sich zusammenklappen und einstecken läßt. Mit einer dieser patenten kleinen Taschenlampen können Sie auch in dunklen Restaurants die Speisekarte lesen und sich in düsteren Ecken zurechtfinden. In Ihrer Bibliothek stehen vermutlich Bücher mit großen Buchstaben; auch manche Zeitschriften werden so angeboten.

Passen sich Ihre Augen Veränderungen der Lichtstärke nur langsam an, besorgen Sie sich am besten eine dunkle Brille, die sich bequem aufsetzen und abnehmen läßt. Wenn Sie sie auf der Straße tragen und beim Betreten eines schwach beleuchteten Geschäfts oder Restaurants abnehmen, werden Sie sich viel sicherer bewegen und nicht mit anderen Leuten zusammenstoßen.

Haben Sie eine periphere Sehschwäche, können Sie lernen, sich darauf einzustellen. Blicken Sie, bevor Sie eine Straße überqueren, weiter nach rechts und links als früher; vor allem nach rechts, damit Sie nicht mit einem Radfahrer oder Jogging-Fan kollidieren, der die verkehrte Seite benutzt. Beobachten Sie andere Leute und richten Sie sich nach ihnen. Wenn es Ihnen schwerfällt, Höhen zu unterscheiden, lernen Sie, darauf zu achten, wie Bordsteine und Stufen sich optisch verändern, während Sie darauf zugehen; dies gibt Ihnen eine bessere Vorstellung von ihrer Höhe. Wenn Sie – wie beim Grünen Star – einen Teil Ihres Gesichtsfeldes eingebüßt haben, denken Sie an den Täuschungseffekt des blinden Flecks. Sie sehen in Wirklichkeit nicht alles, was Sie anschauen, auch wenn Ihnen die optischen Lücken nicht bewußt sind. Ist Ihnen etwas entglitten oder haben Sie einen Gegenstand verloren, suchen Sie den betreffenden Bereich sorgfältig und systematisch ab.

Viel hilft es auch, wenn Sie sich und Ihre Umgebung einfacher einrichten, so wie es blinde Menschen gezwungenermaßen tun. Ist Ihr Sehvermögen sehr schwach, so räumen Sie alles weg, was Sie nicht brauchen – besonders Dinge, die so klein oder durchsichtig sind, daß man sie schwer erkennen kann. Schaffen Sie überflüssiges Zeug aus den Schränken und Regalen beiseite. An Dingen, die besonders schwer zu finden sind oder häufig gebraucht werden, lassen sich kleine, rotleuchtende oder druckempfindliche Aufkleber anbringen. Überlegen Sie genau, welche Anordnungen aufgrund Ihrer Sehschwäche zu unangenehmen Folgen führen können. Die Weingläser, die man Ihnen zum letzten Jubiläum geschenkt hat, sind herrlich – das Kristall ist klar, die Form gefällig. Doch die Gläser sind hauchdünn und haben einen winzigen Fuß. Schon der leichteste Stoß bringt sie zum Kippen – und das passiert schnell, wenn man den Abstand falsch einschätzt oder das Glas mit den Fingerspitzen berührt, ohne es zu merken. Ein schweres Trinkglas mit einem breiten Fuß löst das Problem.

Das Hörvermögen

Ungefähr ein Drittel der über Sechzigjährigen zeigt Symptome einer Gehörschwäche. Hörgeräte wurden sehr viel langsamer akzeptiert als Brillen: vermutlich waren die Leute, die zuerst davon Gebrauch machten, besonders schwerhörig und wurden schon darum von anderen oft gemieden. Deshalb sind die Hersteller auch dazu übergegangen, möglichst unauffällige Apparate zu konstruieren. Das Hörgerät wird in einen Brillenbügel eingebaut oder so miniaturisiert, daß es hinters oder in das Ohr paßt. Dies hat die lästige Folge, daß die Lautstärke schwer zu regeln ist und andere Bequemlichkeiten geopfert werden. Viel läßt sich zugunsten der Hörgeräte älteren Typs sagen, bei denen Mikrophon und Verstärker in einer Tasche aufbewahrt wurden und eine Strippe zum

Ohr lief. Sie besaßen größere Batterien, die Lautstärke ließ nicht so bald nach und sie waren auch leichter zu regeln. Wenn es irgendwo laut zuging, konnte man das Ding näher an den Sprechenden halten. Es gibt keinen Grund, ein solches Gerät nicht mit Baß- und Diskantsteuerung zu konstruieren, womit es sich auf spezielle Geräusche einstellen ließe. Zudem veranlaßt eine auffällige Hörhilfe die Leute im allgemeinen, deutlicher zu sprechen.

Glücklicherweise können Sie Ihren Plattenspieler oder Ihr Radiogerät laut stellen oder Kopfhörer benützen, damit Ihre Nachbarn nicht belästigt werden. Das gleiche geht mit einem Fernsehapparat. Manche haben aufwendiges Zubehör für Schwerhörige.

Hüten Sie sich aber vor der Versuchung, mit dem Kopfhörer früher gewohnte Lautstärken zu intensiv zu genießen – das kann Ihr Gehör noch weiter schädigen.

Wenn Sie den Kopfhörer tragen, kann es natürlich vorkommen, daß Sie das Telefon oder die Hausklingel überhören, sogar wenn beide besonders laut eingestellt sind. In diesem Fall hilft eine Lampe, die aufblinkt, wenn Telefon oder Klingel läuten. Sie können sich aber auch einen Hund zulegen, der bellt und durch die Wohnung rast, wenn Leute an der Tür sind, und Lärm schlägt, wenn das Telefon geht.

Andererseits haben Behinderungen mitunter auch ihr Gutes. Ein Hörgerät erlaubt Ihnen, die Welt so zu behandeln wie Ihr Fernsehgerät – bei Werbesendungen, Mißtönen und allem überflüssigen oder dummen Zeug stellen Sie einfach den Ton ab. Diese

Freiheit schilderte amüsant eine Karikatur, die vor einigen Jahren in der Zeitschrift *The New Yorker* erschien und eine Ehefrau zeigt, die während einer Opernaufführung ihren Mann beschimpft, weil er sein Hörgerät abgeschaltet hat.

Gespräche lassen sich auf verschiedene Weise erleichtern. Machen Sie Ihren Gesprächspartnern gleich zu Anfang klar, daß Sie Schwierigkeiten beim Hören haben. Sagen Sie es offen und halten Sie zur Verdeutlichung eine Hand hinters Ohr. Sprechen Sie betont laut. Wahrscheinlich hören Sie sich über die sogenannte Knochenleitung, die Töne überträgt, zum Teil selbst, und sprechen daher leiser, als Sie annehmen. Die anderen stellen sich darauf ein; aber die Lautstärke, mit der sie dann sprechen, ist für Sie zu schwach. Sie werden normalerweise feststellen, daß Ihre Gesprächspartner sich schnell anschließen, wenn Sie lauter reden.

Wer nicht gut hört, braucht oft ein paar Augenblicke, bis er erfaßt hat, was gesagt worden ist. Eine Bemerkung wird sozusagen zu einem Puzzle, und während man die Steine zusammenfügt, kann man auf das Gesagte nicht eingehen. Für kurze Zeit ist man buchstäblich auf den Mund gefallen. Noch schlimmer wird es, wenn es einem in der Eile nicht gelingt, hinter den Sinn der Worte zu kommen. Inzwischen ist es nämlich zu spät, um eine Wiederholung der Bemerkung zu bitten. Sagt man einfach aufs Geratewohl etwas dazu, wird jedem Anwesenden klar, daß man den Redner nicht verstanden hat. Es ist natürlich riskant, so zu tun, als hätte man verstanden, und peinlich, zu allen möglichen und unmöglichen

Dingen ja gesagt zu haben. Besonders schlimm ist es, wenn man wiederholt, was man scheinbar gehört hat und noch fragt, ob es so richtig sei: möglicherweise liegt man völlig daneben und erntet bei gedanken- oder taktlosen Leuten nur Gelächter. Wenn es für dieses Problem eine Lösung gibt, dann wohl nur die, daß man die Hoffnung aufgibt. Sind Sie sicher, richtig gehört zu haben, antworten Sie rasch. Sind Sie es nicht, sagen Sie sofort: »Wie bitte?« Eine große Hilfe ist ein Ihnen nahestehender Mensch, der Ihr Problem kennt und rasch eine Bemerkung wiederholt, die Sie nach seinem Eindruck entweder nicht oder falsch verstanden haben – bitten Sie ihn doch gleich darum, in solchen Fällen einzuspringen.

Am besten versuchen Sie gar nicht erst, Dinge verstehen zu wollen, die Ihnen doch nur Schwierigkeiten bereiten. Wem macht es schon Spaß, dem Text einer Fernsehsendung zuzuhören, wenn es schrecklich anstrengend ist. Auch wenn die anderen das Programm genießen (besonders jene, die automatisch mitlachen), gibt es für Sie keinen Grund, sich die Sendung anzusehen. Beschäftigen Sie sich einfach mit etwas anderem.

Ziehen Sie sich aus einer Unterhaltung zurück, wenn Sie eh kaum etwas verstehen. Es gibt Möglichkeiten, es auf höfliche Art zu tun: »Ich fürchte, wir liegen nicht ganz auf derselben Wellenlänge« oder so ähnlich. Entschiedenheit ist am Platz, wenn taktlose Leute anfangen, miteinander zu reden, als seien Sie gar nicht dabei. Machen Sie deutlich, daß Sie sich aus dem Gespräch ausblenden, indem Sie ein Buch zur Hand nehmen oder demonstrativ den Raum verlassen. Lassen Sie es sich nicht bieten, wenn andere zu erkennen geben, daß sie sich ja mit einem »Tauben« unterhalten.

Es kann vorkommen, daß die Leute Ihre Schwerhörigkeit vergessen, und aus einem anderen Zimmer oder über weitere Entfernung mit Ihnen sprechen. Sie hören zwar, *daß* sie sprechen, haben aber nicht verstanden, *was*. Wenn Sie sich dann die Mühe machen, zu dem Betreffenden zu gehen und sich das Ganze wiederholen lassen, erkennt er Ihr eigentliches Problem wohl gar nicht und spricht auch in Zukunft mit Ihnen von ferne. Machen Sie die Lösung abhängig von Ihrer Beziehung zu ihm. Sind Sie auf ihn angewiesen, dann gehen Sie hin und erklären die Sache; braucht er Sie, dann soll der andere sich die Mühe machen und zu Ihnen kommen.

Wenn Sie sich von anderen Menschen fernhalten, weil Begegnungen für Sie peinlich oder anstrengend sind, werden Sie vermutlich in eine gewisse Vereinsamung geraten. Eine denkbare, freilich nicht ganz einfache Alternative besteht darin, in Unterhaltungen das Gespräch an sich zu ziehen. Wenn Sie das Thema vorgeben, sind Ihnen die Schlüsselwörter vertraut, und Sie haben eine viel größere Chance zu erfassen, was andere Leute sagen. Anders ausgedrückt: Bereitet Ihnen das Zuhören Mühe, schwingen Sie sich zum Redner auf!

Wenn man mit Augen und Ohren zugleich Schwierigkeiten hat, ist man doppelt geschlagen. Wie oft passiert es, daß man erschrocken zusammenfährt, wenn plötzlich einer neben einem steht. Rücksichtsvolle Freunde lernen, sich bemerkbar zu machen.

Sie klopfen an, bevor sie eintreten oder nähern sich einem grundsätzlich nur von vorn. Hin und wieder läßt sich freilich ein peinlicher Augenblick nicht vermeiden.

Ich hielt einmal an der Northeastern University einen Vortrag, und anschließend lud mich der Präsident der Fakultät zu einem Abendimbiß bei sich zu Hause ein, zusammen mit ein paar Studenten. Ich bekam einen Platz in einer ziemlich dunklen Ecke. Die Frau des Präsidenten, eine Chinesin, stellte mir einen Teller auf den Schoß. Sie deutete auf ein ziemlich dickes, dunkelbraunes Pastetchen und bemerkte etwas dazu, war aber schon wieder weg, bis mir klar wurde, daß ich sie nicht verstanden hatte. Ich machte mich mit Messer und Gabel über das Ding her. Es hatte eine knusprige Kruste, wie ich sie schon oft in der chinesischen Küche bewundert hatte. Ich hatte meine Pastete schon zerkaut, ehe ich bemerkte, daß die junge Frau neben mir ihre schälte. Erst da ging mir auf, daß ich ein hartgekochtes chinesisches Tee-Ei mitsamt der Schale verzehrt hatte.

In einer solchen Situation bleibt nur eines: Machen Sie einen Witz daraus.

Der Geschmacks- und Geruchssinn

Wenn Sie nicht besonders vom Glück begünstigt sind, schmeckt Ihnen das Essen nicht mehr so gut wie früher. Es ist nicht mehr so delikat, entfaltet weniger Geschmack, und darum haben Sie auch nicht mehr so viel Appetit. Außerdem hat der Speichelfluß nachgelassen und auch das Schlucken macht bisweilen Beschwerden. Die Sache wird etwas besser, wenn Sie die Gerichte stärker mit Kräutern würzen und etwas dazu trinken. Ein trockener Mund kann die Zähne in Mitleidenschaft ziehen, worüber Sie mit Ihrem Zahnarzt sprechen sollten. Wenn ein trockener Hals die Stimme anzugreifen beginnt, versuchen Sie es mit Pfefferminzbonbons ohne Zucker oder Halspastillen.

Eine Minderung des Geruchssinns ist in unserer immer stärker verschmutzten Welt häufig eine Wohltat, aber sie kann auch Gefahren mit sich bringen; möglicherweise entgehen Ihrer Nase gefährliche Dämpfe oder Rauch. Ein Gerät, das Rauchentwicklungen anzeigt, kann Ihnen da Sicherheit verschaffen. Angesichts einer verminderten Wahrnehmungsfähigkeit sollten Sie besonders auf Gerüche an Ihrer Kleidung und in Ihrem Heim achten; sie könnten Ihre Beziehungen zu anderen Menschen beeinträchtigen.

Der Tastsinn

Auch der Tastsinn läßt im Alter nach. Sie nehmen eine Tasse in die Hand, schätzen den Druck Ihrer Fingerspitzen falsch ein, und sie landet auf dem Boden. Mit schwereren Tellern, Gläsern und Tassen, Messern und Gabeln ist leichter umzugehen. Es macht auch Mühe, ein Buch umzublättern, besonders, wenn das Papier sehr dünn ist, und so überschlägt man versehentlich Seiten. Werfen Sie jeweils einen kurzen Blick auf die Seitenzahl; das wird zur Gewohnheit, die man beinahe automatisch ausübt. Und jetzt haben Sie auch einen zusätzlichen Grund, die Seriennummern zu kontrollieren, wenn Sie auf der Bank frischgedruckte Geldscheine durchzählen...

Der Gleichgewichtssinn

Die Sinnesorgane, die einem sagen, ob man im Bett auf der rechten oder linken Seite liegt oder wie man sich im Raum bewegt, verlieren im Alter an Wahrnehmungsschärfe. Wenn man irgendeine plötzliche, ruckartige Bewegung macht, kann man leichter als früher ins Wanken geraten. Die Gefahr ist um so größer, wenn man nicht genug sieht oder sich nicht rasch genug zu bewegen vermag, um sich rechtzeitig zu fangen. Die Lösung ist einfach: Bewegen Sie sich langsamer.

Im Alter hat man wenigstens reichlich Zeit. Wenn man spazierengeht, ist ein Stock ganz angenehm, selbst wenn man ihn nicht sehr braucht. Ein leichter, hübscher Spazierstock kann eine angenehme Hilfe sein. Außerdem fühlt man sich sicherer. Der Gefahr auszugleiten begegnet man, wenn man Schuhe mit geriffelten Sohlen trägt und kleine Spike-Bänder darunter schnallt, falls Eis und Schnee zu fürchten sind.

Einige dieser Vorschläge mögen Ihnen lächerlich erscheinen, weil sie auf der Hand liegen. Auf der

Hand liegt aber leider auch, daß alte Menschen sich nicht immer an solche Vorsichtsmaßregeln halten, was zu schmerzhaften Folgen führen kann. Eine einzige Veränderung Ihrer Gewohnheiten bringt sicher nicht sehr viel; aber mit einer ganzen Reihe erzielen Sie schließlich gewaltige Fortschritte. Sie werden zu Ihrer Überraschung mit der Zeit zweierlei konstatieren: daß sich Ihre Lebensqualität verbessert, und daß es Spaß macht, sich das Leben angenehmer und leichter einzurichten.

KAPITEL 4

Mit der Vergangenheit in Kontakt bleiben – Schwierigkeiten, sich zu erinnern

Unsere Sinnesorgane und Muskeln werden mit fortschreitendem Alter schwächer, und das gleiche gilt für das Organ, mit dem wir sie einsetzen. Veränderungen im Nervensystem liefern vermutlich die Erklärung dafür, warum es seit Jahrhunderten von alten Menschen heißt, sie seien vergeßlich, kopflos, närrisch und desorientiert. Solche Beeinträchtigungen lassen sich nicht mit Brillen oder Rollstühlen beheben, aber eine sorgfältig gestaltete Lebenssphäre macht sie weniger lästig.

Vergeßlichkeit ist wohl das offensichtlichste Symptom dieser Veränderungen. Das wird sehr klar, wenn wir etwas zu tun versuchen, was wir vor langer Zeit als Kinder gelernt haben – ein Stück Papier so zu falten, daß ein Flugzeug oder ein Hut daraus wird. Mißlingt es uns, sagen wir: »Ich komme nicht mehr darauf.« Das ist eine höchst präzise Feststellung: Es führt einfach kein Weg zurück zur Erinnerung an die notwendigen Schritte, mit denen man das Papier richtig faltet. Das gleiche gilt für die Wörter, wenn wir uns an ein Gedicht erinnern, und für die Noten, wenn wir auf einem Instrument aus dem Gedächtnis zu spielen versuchen. Die Schritte, die Worte, die Noten – sie sind wahrscheinlich noch da, und unter anderen Umständen würde man vermutlich auch darauf kommen. Unter Hypnose haben sich Menschen an winzige Details aus ihrer frühen Kindheit erinnert, und fast jeder hat schon einmal erlebt, daß ihm aus unerfindlichem Grund irgendeine absurde Belanglosigkeit in den Sinn kommt, die sich vor langer Zeit zugetragen hatte. Vermutlich wäre die Erinnerung auf Kommando nicht wiedergekommen; dennoch kehrte sie zurück.

Mitunter lassen sich Prozesse, Wörter oder Noten, an die wir uns erinnern wollen, in flüssigem Übergang ins Bewußtsein zurückholen: Wir nehmen uns die Schritte, die uns zu dem fehlenden Stück führen, wieder und wieder vor – bis es plötzlich auftaucht. Auf diese Weise rekonstruieren wir auch die Situation, in der wir den Papierhut bastelten, das Gedicht lernten oder das Musikstück spielten, und schließlich kommt das übrige zurück. Der Versuch, sich an einen fehlenden Schritt zu erinnern, wird oft als eine Suche im Speicher des Gedächtnisses beschrieben, aber diese Metapher ist fragwürdig. Wie können wir den Schritt finden, wenn wir gar nicht wissen, wonach wir suchen? Es ist besser, sich diese Suche einfach als einen Prozeß zu denken: Wir stellen, so gut wir können, eine Situation her, in der die Wahrscheinlichkeit des Erinnerns größer wird.

Eigennamen vergißt man besonders leicht, und es fällt besonders auf, wenn sie einem entfallen sind. Damit Ihnen ein Name leichter wiederkommt, ist es gut, wenn Sie sich alles durch den Kopf gehen lassen, was Ihnen zu der Person oder Sache einfällt, zu der er gehört. Gehen Sie langsam und systematisch das Alphabet durch, und versuchen Sie den Namen auszusprechen. Sie werden mitunter erstaunt sein, wie schnell Sie es schaffen. Dann wieder wird es Sie ärgern, daß Sie nur beinahe auf einen Namen kommen. Und am nächsten Morgen erleben Sie überrascht, daß er Ihnen aus heiterem Himmel einfällt.

Natürlich bleibt keine Zeit, das Alphabet durchzugehen, wenn Sie zwei Menschen miteinander bekanntmachen. Sie brauchen also andere Strategien. Gedächtnisübungen erschließen weitere Möglichkeiten, sich auf Namen zu besinnen, aber sie nützen nur dann, wenn man sich auf die Zusammenhänge konzentrieren will, in denen man den entfallenen Namen sucht.

Es ist peinlich, wenn einem bei einer Vorstellung ein Name nicht einfallen will, und diese Peinlichkeit macht die Sache noch schlimmer. Es ist das gleiche Problem wie bei Stotterern, die um so mehr ins Stottern geraten, als es ihnen schon oft und mit unerfreulichen Folgen passiert ist. Es kann vorkommen, daß uns bei einer Vorstellung ein Name einfach deswegen nicht einfällt, weil wir Angst haben, er könnte uns nicht einfallen. Diese Angst schafft ein weiteres Problem, wenn sie uns veranlaßt, den Menschen, dessen Name uns entfallen ist, nicht anzusehen. Wie Marcel Proust gezeigt hat, kann ein ganz belangloses Detail an einer Situation die Erinnerung zurückrufen. Es ist wahrscheinlicher, daß wir uns an einen Namen nicht erinnern, weil uns irgendeine aufschlußreiche Einzelheit entgeht, wenn wir die betreffende Person nicht deutlich vor uns sehen.

Wenn Sie schon vorher wissen, daß Sie Leute mit Namen ansprechen müssen, lassen sich die Chancen auf verschiedene Weise verbessern. Bevor Sie beispielsweise einen Freund in einen Verein oder Klub mitnehmen, empfiehlt es sich, die Liste der Mitglieder durchzusehen, damit Sie die Namen parat haben, die Sie brauchen. Oder versuchen Sie, sich sofort nach Ihrem Eintreffen die Namen der Leute ins Gedächtnis zu rufen, die Sie mit Ihrem Freund bekannt machen.

Vielleicht bleibt Ihnen auch nichts anderes übrig, als sich in guter Haltung mit Ihrer Vergeßlichkeit abzufinden. Sie können ja immer Ihr Alter geltend machen. Sie können den Bekannten, dessen Name Ihnen entfallen ist, mit der Bemerkung versöhnen, daß Sie immer die Namen vergessen, die Sie am wenigsten vergessen möchten. Das trifft ja auch bei Leuten zu, die für Sie wichtig sind; Sie strengen sich besonders an, ihre Namen parat zu haben, doch es hilft nichts. Oder erzählen Sie, daß Ihnen sogar einmal Ihr eigener Name nicht einfiel, als ein Hotelportier Sie danach fragte.

Mit Hilfe eines gut vertrauten Menschen, des Ehepartners oder Freundes ist eine andere Strategie möglich. Eheleute bewegen sich häufig in verschiedenen gesellschaftlichen Kreisen, und wenn diese Kreise sich gelegentlich überschneiden, werden Vorstellungen notwendig. Tritt ein Mitglied Ihres Bekanntenkreises auf Sie zu, schütteln Sie ihm die Hand, wenden sich an Ihren Partner und sagen: »Natürlich erinnerst du dich...« Darauf streckt dieser dem noch Unbekannten die Hand entgegen und sagt: »Aber natürlich, wie geht es Ihnen?« Wenn es nicht absolut unmöglich ist, daß die beiden sich schon einmal begegnet sind, wird der Neue sich der Situation gewachsen zeigen. Er oder sie wird nicht den Eindruck erwecken wollen, eine frühere Begegnung vergessen zu haben, und hat vielleicht auch ein schlechtes Gedächtnis. Eine Vorstellung dieser Art stellt ohnedies nur eine Förmlichkeit dar, und es richtet ja keinen Schaden an, wenn man einer Peinlichkeit entgehen will. Es ist nicht unaufrichtiger, als wenn man auf die Frage »Wie gehts?« mit einem »Danke, gut« antwortet, obwohl einem eigentlich elend zumute ist. Sie ersparen dem anderen die Verlegenheit, sein Mitgefühl angemessen auszudrücken.

Eine andere nützliche Strategie besteht darin, Ihren eigenen Namen zu sagen, wenn Sie jemandem die Hand entgegenstrecken, den Sie lange nicht gesehen haben. Dies ist ein Akt der Höflichkeit und wird Ihnen leicht damit vergolten, daß der andere die Höflichkeit erwidert.

Natürlich vergessen Sie mehr als nur ein Wort oder einen Namen. Ein Fall für sich ist es, wenn man vergißt, was man sagen wollte. Wir sind es gewohnt, in einer Unterhaltung höflich zu warten, bis ein anderer ausgeredet hat. Was aber, wenn man dann feststellen muß, daß die intelligente Bemerkung, die einem auf der Zunge lag, wie weggeblasen ist? Die Situation wird besonders peinlich, wenn alle Anwesenden merken, daß man etwas sagen wollte. Eine Lösung ist es, sich stumm immer wieder vorzubeten, was man sagen will; eine andere, an das Privileg des Alters zu appellieren und den Sprechenden zu unterbrechen; eine dritte, sich seine Gedanken zu notieren (es kann so aussehen, als notierten Sie sich etwas zu dem, was der andere sagt).

Das gleiche Problem entsteht, wenn Sie sprechen und vom Thema abkommen. Sie beenden die Abschweifung und wissen nicht mehr, an welcher Stelle und warum Sie vom Thema abgekommen sind. Die Lösung besteht darin, einfach nicht abzuschweifen – das heißt, sich nicht selbst zu unterbrechen. Es passiert einem fast immer bei langen Sätzen, wobei der letzte Teil grammatisch oft nicht mehr mit dem Anfang übereinstimmt, weil der einem entfallen ist. Es ist, als stünde man auf, um in ein anderes Zimmer zu gehen, und weiß nicht mehr, mit welcher Absicht man es getan hat. Ein solches Mißgeschick geschieht besonders leicht – und zwar Leuten in jedem Alter –, wenn man in einer Sprache spricht, die man nicht gut beherrscht. In diesem Fall ist es immer ein Fehler, sich auf einen komplizierten Satz einzulassen; mit einfachen Sätzen kommt man viel besser zurecht. Und im Alter gilt das auch für die eigene Muttersprache.

Wenn man Dinge zu tun vergißt

Zehn Minuten, bevor Sie aus dem Haus gehen, hören Sie den Wetterbericht. Er meldet, daß es wahrscheinlich regnen werde, bevor Sie nach Hause zurückkehren. Darauf kommt Ihnen der Gedanke, einen Schirm mitzunehmen; aber Sie sind noch nicht so weit, die Idee in die Tat umzusetzen, und zehn Minuten später gehen Sie ohne Schirm aus dem Haus. Solche Probleme können Sie lösen, indem Sie alles für die Umsetzung einer Idee vorbereiten, sobald sie Ihnen kommt. Hängen Sie den Regenschirm an den Türgriff oder stecken Sie ihn durch den Griff Ihrer Tasche oder Aktenmappe. Unternehmen Sie irgend etwas, um den Prozeß in Gang zu setzen, an dessen Ende Sie den Schirm in der Hand halten. Die gleiche Strategie bietet sich an, wenn Sie sich Dinge merken wollen, die nicht sofort getan werden können. Mitten in der Nacht fällt Ihnen ein, daß Sie einen Scheck ans Finanzamt schicken müssen. Am nächsten Tag vergessen Sie es prompt. Tun Sie, was sich tun läßt, sobald Ihnen der Gedanke kommt: Stehen Sie auf, und legen Sie das Formular des Finanzamts auf den Frühstückstisch.

Das gleiche Problem ergibt sich, wenn Sie einen guten Einfall haben und ihn dann vergessen. Kommen Ihnen Ihre guten Ideen meistens mitten in der Nacht, halten Sie neben dem Bett einen Schreibblock oder ein Tonbandgerät in Bereitschaft. Wenn Sie nicht allein schlafen, benützen Sie einen Kuli mit einem eingebauten Taschenlämpchen. Mit einem Notizbuch in Taschenformat oder einem kleinen Kassettengerät können Sie Dinge festhalten, auf die Sie sich sonst irgendwann besinnen müssen. Diese Strategie ist für Menschen jeden Alters von Nutzen, besonders aber für alte. Sie kann das Leben viel rationeller und daher erfreulicher machen. Aufzeichnungen helfen dem Gedächtnis auf die Sprünge.

Wenn man Dinge nicht rechtzeitig tut

Wir unterlassen es nur selten, ein Aspirin zu schlukken, wenn wir Kopfschmerzen haben; aber wir vergessen oft, unsere Tablette zu nehmen, die uns etwa gegen Bluthochdruck helfen sollte. Worin liegt der Unterschied? Wir nehmen das Aspirin aus zweierlei Gründen: Die Kopfschmerzen selbst »erinnern« uns an diese Abhilfe; und wenn wir das Mittel einnehmen, stellt sich ziemlich rasch ein spürbares Resultat ein – das Kopfweh verschwindet. Beim hohen Blutdruck oder seiner medikamentösen Behandlung fehlen beide Signale. Wenn wir Tabletten in bestimmter Regelmäßigkeit nehmen müssen, brauchen wir im allgemeinen zweierlei Stützen: etwas, was uns daran erinnert, und eine Folgewirkung, die uns dann bestärkt.

Nehmen wir an, Sie müssen bestimmte Pillen

zweimal täglich einnehmen, morgens und abends. Überlegen Sie sich etwas, was Sie morgens und abends regelmäßig tun – beispielsweise Zähneputzen. Befestigen Sie mit einem kleinen Gummi eine der Tablettenfolien an Ihrer Zahnbürste. Wenn Sie sie abstreifen, weil Sie die Zahnbürste benützen wollen, werden Sie bestimmt an die fällige Pille denken. Sind Sie kein außergewöhnlich unordentlicher Mensch, dann tun Sie sicher jeden Tag viele Dinge zu festen Zeiten – essen, sich kämmen, anziehen oder ausziehen. Sie können diese Gewohnheiten gewissermaßen als »Wecker« benützen, der Sie daran erinnert, was Sie zu dieser Stunde noch tun sollten.

Was die bestärkende Folgewirkung betrifft: Versuchen Sie es doch einmal mit einer »Rekordliste der rechtzeitigen Erinnerungen«. Solche Erfolge bestärken. Besorgen Sie sich einen Kalender und einen schönen breiten Filzstift. Nehmen wir an, Sie brauchen viermal am Tag Augentropfen. Schwärzen Sie jedesmal, wenn Sie sie ins Auge träufeln, ein viertel Kästchen für den betreffenden Tag. Wenn Ihr Gedächtnis Sie nicht im Stich gelassen hat, ist am Ende des Tages das Kästchen schwarz, und im Laufe der Tage schwärzt sich der ganze Kalender ein. Dieses Tableau wird Sie bestimmt erinnern und in Ihren Gewohnheiten bestärken.

Wenn Ihr Arzt rät, jeden Tag eine gewisse Entfernung zu Fuß zu gehen: besorgen Sie sich einen Schrittmesser. Das ist ein kleines Gerät wie eine Uhr, das man in der Hosentasche tragen oder an der Jacke befestigen kann. Es registriert auf wundersame

Weise, wie weit Sie gegangen sind. Wählen Sie eine bestimmte Entfernung, malen Sie diese Strecke auf Ihren Kalender und markieren Sie jeweils, wie nahe Sie diesem Ziel gekommen sind. Das gleiche können Sie mit einem Trimmrad machen, dessen Tachometer anzeigt, wie weit Sie geradelt sind. Auf die Dauer werden Ihre gute körperliche Verfassung, Ihre Gesundheit und das Lob Ihres Arztes oder Ihrer Freunde – die Übung ist ein ausgezeichnetes Gesprächsthema, solange es nicht strapaziert wird – Sie mit Sicherheit motivieren, Ihren Rekord zu halten oder ein wenig zu verbessern.

Wenn man Dinge verlegt

»Wo ist meine Brille?« »Wo sind die Zweitschlüssel für den Wagen?« Es gibt tausend Stellen, wo man sie hingelegt haben könnte, und sie sind immer schwerer zu finden, wenn man nicht mehr so gut sieht wie früher. Sie brauchen Ihre Brille, um die Brille zu finden, und selbst wenn Sie sie endlich aufhaben, sind die Schlüssel noch lange nicht entdeckt. Auch mit Ihren Fingern ertasten Sie in einem dunklen Winkel die Gegenstände nicht mehr so leicht und sicher wie in jüngeren Jahren. Halten Sie sich an eine Blindenregel: Die einzige Lösung heißt »für alles einen Platz und alles an seinem Platz«.

Besonders schwer sind Dinge zu finden, wenn Sie sie sorgfältig versteckt haben. Jemand hat einmal behauptet, daß niemand vergißt, wo er einen Schatz vergraben hat; aber schon viele alte Menschen hätten gewünscht, daß das stimmt. Sie wollen auf einen Monat wegfahren und haben ein paar wertvolle Sachen im Haus, die Sie nicht durch einen Diebstahl verlieren wollen. Statt sie auf die Bank zu bringen, verstecken Sie diese Dinge im Keller oder auf dem Speicher zwischen alten Schachteln, Koffern, Büchern, Kleidungs- und Möbelstücken. Sie sind sicher, daß kein Einbrecher sich die Zeit nehmen wird, dieses ganze Gerümpel zu durchstöbern. Wenn Sie dann aber nach Hause kommen, brauchen Sie dazu fast ebensolange, weil Sie sich nicht erinnern können, wo Sie die Sachen schließlich versteckt haben. (Übrigens wissen erfahrene Einbrecher ganz genau, wo nach Meinung unerfahrener Leute niemand suchen wird.) Der da behauptete, niemand vergesse, wo er einen Schatz vergraben hat, dachte vermutlich an Piraten; aber schon die Piraten kannten die Gefahren der Vergeßlichkeit und legten Karten an. Es gäbe nicht so viele Geschichten von vergrabenen Schätzen, wenn sie es nicht getan hätten. Auch Sie können dieses Problem lösen: Machen Sie sich eine »Karte« für das Versteck Ihres Schatzes.

Schlimmer wird die Sache, wenn Sie überhaupt vergessen, daß Sie einen Schatz versteckt hatten. Sie haben ein bißchen mehr Bargeld, als Sie bei sich tragen wollen, und wollen es auch nicht im Haus herumliegen lassen. Also stecken Sie ein paar Scheine in ein Buch und schieben es ins Regal. Jahre später findet sie vielleicht jemand beim Stöbern in einem Antiquariat, entdeckt auf dem Buchdeckel Ihren Namen und schickt Ihnen einen nachträglichen Dank. Vergessen Sie nie, wie leicht man vergißt.

Wenn man Verabredungen vergißt

Viele Dinge, die uns Freude machen – ein gutes Essen mit einem Freund, eine interessante Fernsehsendung – sind an eine bestimmte Stunde, an einen Tag, an eine Zeit gebunden. Wir kommen nur in ihren Genuß, wenn wir uns an diesen Termin erinnern; und das ist das Problem. Ein Terminkalender kann es lösen, aber nur dann, wenn wir auch nicht vergessen, *erstens* die Termine einzutragen und *zweitens,* sie nachzulesen. Die konsequente Verwendung eines Kalenders kann die Freude am Leben sehr steigern, aber viele alte Menschen finden es mühsam, einen Kalender zu benutzen. Fangen Sie der Einfachheit halber mit einem der großen Wandkalender an, die einem immer zu Reklamezwecken ins Haus flattern. Hängen Sie ihn an einer Stelle auf, wo Sie ihn kaum übersehen können – zum Beispiel im Badezimmer neben dem Spiegel. Auf diese Weise haben Sie viel mehr Chancen, Ihre Eintragungen auch vor Augen zu bekommen und an andere zu denken, die vielleicht noch fehlen. Möglicherweise kommt es dann so weit, daß Sie nach weiteren Punkten suchen, die Sie noch eintragen könnten – nicht nur Verrichtungen und Verabredungen, sondern auch Hinweise auf neue Überlegungen zu gegebener Zeit. Ein Blick auf die bereits ausgefüllten Stunden und Tage wird vielleicht sogar dazu führen, daß Sie Ihr Leben sorgfältiger planen. Wenn Sie es schließlich dazu gebracht haben, ein Taschennotizbuch zu benutzen, haben Sie einen großen Schritt auf ein erfreulicheres, aktiveres Leben getan.

Ein Kalender freilich genügt nicht, wenn Sie etwas tun wollen, das zu einem festen Zeitpunkt getan werden muß – eine bestimmte Sendung im Fernsehen anschauen, einen Freund zu einer bestimmten Zeit anrufen, Fleisch aus dem Tiefkühlfach nehmen und später rechtzeitig in die Bratröhre schieben. Dieses Problem löst ein Kurzzeitmesser: meist genügt dafür ein gewöhnlicher elektrischer Wecker. Mit etwas Geschick vergrößern Sie das Rädchen, mit dem Sie die Klingelzeit einstellen, damit es sich leichter drehen läßt – beispielsweise indem Sie einen Pfennig drankleben. Für kürzere Zeitspannen und größere Genauigkeit benützen Sie am besten eine Küchenuhr. Zwei wichtige Folgewirkungen stellen sich ein: Sie werden sich vieler Dinge erfreuen, die Sie sonst wahrscheinlich vergessen hätten, und Sie werden entspannter auf die Stunde warten, zu der Sie dies oder jenes tun wollen. Junge Leute sind übrigens ebenfalls vergeßlich, und wenn sie früh damit beginnen, sich solche Erinnerungshilfen anzugewöhnen, tun sie auch einen großen Schritt zu mehr Annehmlichkeit in höheren Lebensjahren.

KAPITEL 5

Klar und geordnet denken

Laurel und Hardy suchen nach einem Hotel. Hardy sieht einen Polizisten und sagt zu Laurel: »Frag doch die Polizei!« Laurel geht zu dem Mann hin und fragt: »Können Sie mir sagen, wo ich einen Polizisten finden kann?«

Die meisten von uns haben schon genauso komisch-verrückte Dinge getan. Wir streiten mit einem Freund über die Bedeutung eines Wortes und entschließen uns, in einem Lexikon nachzuschlagen. Während wir die Unterhaltung fortsetzen, nehmen wir das Buch aus dem Regal – und schlagen prompt das Wort »Lexikon« nach. Oder wir unterbrechen unsere Lektüre, trinken den Kaffee aus, stellen dann die leere Tasse ins Bücherregal und gehen hinaus in die Küche, um das Buch abzuspülen.

Ein solches Verhalten bringt alte Menschen in den Ruf, konfus und gedankenlos zu sein. »Wenn das Alter eintritt«, sagt Holzapfel in Shakespeares *Viel Lärm um nichts,* »geht der Verstand zu Ende.« Benehmen alte Leute sich so, glauben sie schließlich selbst, daß sie verblöden oder senil werden. Aber derartiges kann Menschen in jedem Alter passieren und manchmal mit katastrophalen Folgen. Wir kennen eine Frau, noch in den Zwanzigern, die kürzlich geheiratet hat. Als die Hemden ihres Mannes aus der Wäscherei kamen, machte sie sich dran, sie in den Schrank zu räumen. Sie nahm die Pappeinlagen heraus, verstaute sie sorgfältig in der Kommode und warf die Hemden in die Mülltonne. In jungen Jahren bringt einen ein solches Verhalten auf Sigmund Freud. Das Alter liefert eine einleuchtendere Erklärung. Man kann sich trotz solcher Anfälle von Zerstreutheit durchaus am Leben freuen, wenn man allein oder mit einem verständnisvollen Menschen lebt; vor allem dann, wenn er ähnliche Marotten hat. Doch in Gegenwart anderer ist eine solche Konfusion oft peinlich. Das Grundproblem scheint das gleiche zu sein wie bei der Vergeßlichkeit. Sie beginnen, etwas zu tun, aber der ursprüngliche Grund verblaßt und wird durch etwas anderes verdrängt. Als Laurel den Polizisten erreicht hat, liegt ihm »Polizist« mehr auf der Zunge als »Hotel«. Wenn Sie schließlich das Lexikon in der Hand halten, ist »Lexikon« stärker als das Wort, über dessen Bedeutung Sie sich nicht einig waren. Etwas dieser Art geschieht auch, wenn Sie sprechen und vom Thema abkommen. Es ist nicht so, daß Sie einfach vergessen, *was* Sie sagen wollten, sondern etwas anderes gerät dazwischen, und Sie vergessen, *daß* Sie es sagen wollten. Dies führt dazu, daß Sie abschweifen. »An meinen Weitschweifigkeiten«, schrieb Benjamin Franklin in seiner Autobiographie, »merke ich, daß ich alt werde.«

Sind Sie ein Rechtsanwalt, der einen Schriftsatz aufsetzt, ein Geistlicher, der eine Predigt niederschreibt, ein Abgeordneter, der eine Gesetzesvorlage entwirft, ein Manager, der einen Bericht für die Aktionäre verfaßt, ein Kritiker, der an einer Buchbesprechung sitzt, ein engagierter Bürger, der an einer Rede für eine Versammlung schreibt, gehört das Denken zu Ihrem Beruf, und unklares Denken kann Sie teuer zu stehen kommen. Vielleicht brauchen Sie spezielle Strategien.

Eine längere schriftliche Arbeit besteht aus einer Kette von Sätzen. Sie erscheinen nicht in der Abfolge, in der sie Ihnen ursprünglich eingefallen sind. (Das vorliegende Buch ist nicht nur eine Aufzeichnung dessen, was wir gesagt hätten, wenn jemand uns aufgefordert hätte: »Nehmen Sie Platz und erzählen Sie etwas darüber, wie man sich am Alter freuen kann.«) Sie beginnen natürlich mit ein paar Dingen, die Sie sagen wollen. Wenn diese Punkte möglichst bald zu Papier gebracht werden, hält man sie erstens fest und macht sie zweitens für weitere Überlegungen verfügbar. Sie ordnen sich vermutlich zu Gruppen, in denen sich die Abschnitte eines Berichts oder die Kapitel eines Buches andeuten. Manche dieser Ideen können schon früh aufgegriffen werden, auf andere muß der Leser erst vorbereitet werden; deshalb haben sie zu warten. Man kann die Einfälle leichter in eine Ordnung bringen oder umordnen, wenn man ihnen Dezimalzahlen zuteilt. Teil 1 wird mit »1« bezeichnet, die verschiedenen Abschnitte heißen »1.1«, »1.2« und so fort, die Unterabschnitte »1.11«, »1.12« und so weiter. Die Zahlen lassen sich verändern, wenn Ihnen ein Weg zur Verbesserung der Anordnung einfällt. Wichtige

Notizen, Zeitungsausschnitte und Textpartien lassen sich entsprechend numerieren und abheften. Manche Schriftsteller benützen für jeden Gedanken eine Karteikarte. Die Karten lassen sich jederzeit ergänzen und schließlich in eine logische Ordnung bringen. Eine Kartei, die im Lauf Ihrer Arbeit entsteht, hilft Ihnen, eine Antwort auf die Frage zu finden: Wo behandle ich eigentlich *diesen* Punkt? Vielleicht waren Sie einmal imstande, eine solche Anordnung allein im Kopf zu machen; aber vermutlich hätten Sie auch dann bessere Resultate erzielt, wenn Sie sich ein schriftliches Register zugelegt hätten. Heute haben Sie um so mehr Grund, die Dinge wirklich klar auszudenken und zu fixieren.

Wie man in die Verfassung kommt, klar zu denken

Es gibt mehrere Wege, sich klares und geordnetes Denken anzugewöhnen. Viele Leute neigen dazu, solch ernsthaftes Durchdenken bis zum Ende des Tages hinauszuschieben, wenn sie in der denkbar schlechtesten Verfassung sind. Stellen Sie sich vor, Sie wären ein Konzertpianist und würden morgen abend mit einem berühmten Symphonieorchester ein Klavierkonzert spielen. Was könnten Sie tun, damit Sie in der bestmöglichen Verfassung das Podium betreten? Sie würden leichte Speisen zu sich nehmen. Sie würden wahrscheinlich üben; aber nicht so viel, daß es Sie ermüdet. Sie würden sich ausruhen. Sie würden nach einer angenehmen

Ablenkung suchen, vielleicht einen unterhaltenden Roman lesen. Und wenn Sie dann aufs Podium gehen, sind Sie in der Verfassung, Ihr Bestes zu geben.

Ein Problem mit klarem Denken anzugehen, ist ebenso schwierig, wie gut Klavier zu spielen. Die gleiche Art von Vorbereitung würde sich lohnen. Sie zahlt sich zwar in jedem Alter aus, besonders aber, wenn Sie alt sind und das, was Sie zu sagen oder zu tun gelernt haben, nicht mehr so leicht »abrufbereit« ist. Wie der Name, der Ihnen erst nach langer Gedächtnisanstrengung einfiel, sind zwar auch die Gedanken da, aber sie stellen sich nicht so leicht ein wie früher. Die gute Vorbereitung löst das Problem zwar nicht, doch sie erleichtert seine Lösung.

Es hilft schon, langsamer zu denken. Das schadet nicht weiter, weil alte Menschen in der Regel eine Menge Zeit haben. Und beim Denken im Alter eine langsamere Gangart einzulegen, kann Ihnen sogar einen Vorteil über stürmische Jugend verschaffen. Daß man sich im Zaum hält, ist in jedem Lebensalter empfehlenswert. Seit dem Kindergarten hat man uns gesagt: »Überleg doch mal in Ruhe«. Und aus *Romeo und Julia* wird mancher Leser erfahren haben, daß der allzu Rasche genauso zu spät kommt wie der Zögerliche.

Wie man seine Gedanken sammelt

Gedanken und Einfälle hängen nicht an einem »Baum der Erkenntnis« wie reife Früchte, die man nach Belieben pflückt. Sie kommen einem an verschiedenen Orten und zu verschiedenen Zeiten und müssen in eine Form gebracht werden, die hält, bis wir sie verwenden können. Die Strategien und Hilfsmittel zur Verminderung der Vergeßlichkeit sind auch hier von Nutzen – ein Schreibblock oder ein Tonbandgerät neben dem Bett (wenn Sie nicht allein schlafen, denken Sie an den Kuli mit eingebautem Taschenlämpchen), das Taschennotizbuch oder ein kleiner Kassettenrekorder für unterwegs. Diese Dinge helfen, die Gedanken zu sammeln, die Sie sich später an Ihrem Schreibtisch durch den Kopf gehen lassen.

Wenn Sie die gesammelten Gedanken und Einfälle zusammengestellt haben, werden Sie Beziehungen zwischen ihnen feststellen, die Sie unmöglich sehen konnten, als Sie zum erstenmal auf die einzelnen Ideen kamen. Die Gedanken, die in einen Schriftsatz, eine Predigt, einen Bericht, eine Rede, einen Artikel oder eine Erzählung eingehen, sind wie Bruchstücke einer Vase, die man bei einer Ausgrabung findet. Es wäre ein Glücksfall, wenn bei diesem Fund die einzelnen Teile in der Anordnung ans Licht kämen, in der sie zusammengehören; und es wäre schon ein ganz besonderer Kopf, dem die Einfälle in der Reihenfolge kämen, in der sie schließlich ausgedrückt werden.

Für »behinderte Redner« gibt es keine Krücken oder Rollstühle. Aber es ist von Nutzen, wenn man alles Notwendige praktisch zur Hand hat – Kugelschreiber, Bleistifte und Papier, eine gute Schreibmaschine oder eine Textverarbeitungsmaschine, ein

Diktiergerät und irgendeine Möglichkeit, das zu Papier Gebrachte geordnet abzulegen, so daß es greifbar bleibt. Wichtig ist ein Ort, an dem man ohne Ablenkungen nachdenken kann. Ablenkungen sind besonders störend, weil sich die Dinge, die uns durch den Kopf gehen, so leicht verflüchtigen können. (Wir werden viel eher die Kaffeetasse als das Buch ins Regal stellen, wenn das Telefon klingelt, und wir aufstehen, um an den Apparat zu gehen.) Es ist ein Trost, daß diese Fehlhandlungen so oft mit zerstreuten Genies in Verbindung gebracht werden. Geistige Abwesenheit ist wie die Abwesenheit im Betrieb am blauen Montag zumeist eine Folge zu großer Ablenkung.

Zu anderen Zeiten wiederum kann eine Ablenkung nützlich sein. Wir denken oft besser in Gesellschaft anderer Leute, die uns von unseren Lieblingsthemen abbringen. In einer hitzigen Diskussion kommen wir auf Dinge, die uns kaum einfielen, wenn wir allein wären. Alte Menschen sind in diesem Punkt besonders benachteiligt, weil ihnen entsprechende Gesprächspartner oft fehlen. Pensionierte Lehrer sprechen nicht mehr mit ihren Schülern, pensionierte Wissenschaftler diskutieren nicht mehr mit Kollegen über ihre Arbeit, pensionierte Manager unterhalten sich nicht mehr mit ihren Mitarbeitern.

Im allgemeinen leben alte Menschen mit Menschen zusammen, die nicht ihre Interessen teilen. Die Situation läßt sich verbessern, wenn man Gesprächskreise organisiert, und seien es nur Zweiergruppen. Auf diese Weise können Sie sich geistig üben und – am wichtigsten von allem – Ihre Selbstsicherheit im Denken erhalten.

Die Angst, nicht klar zu denken, kann wie die Furcht vor Stottern oder vor Vergeßlichkeit die Sache um einiges verschlimmern.

Alles, was Sie tun können, um Ihr Denken zu schulen, bedeutet dann auch einen Gewinn an Selbstvertrauen.

Entspanntes Denken

Das Alter selbst ähnelt in vielem einem Zustand der Erschöpfung – aber man kann ihm nicht mehr durch Entspannung oder Urlaub abhelfen. Besonders lästig wird es, wenn zum Alter noch Ermüdung kommt, aber dem kann man zumindest halbwegs begegnen. Die Ermüdung, die einem solche Schwierigkeiten bereitet, wird als geistige Ermattung bezeichnet; vielleicht, weil sie so wenig mit der Müdigkeit gemeinsam hat, die auf körperliche Anstrengung folgt. Wir können im physischen Sinn völlig ausgeruht und dennoch dessen, was wir tun, so müde sein, so überdrüssig, daß es uns »ganz krank« macht.

Wir wissen üblicherweise, wann wir körperlich müde sind und uns ausruhen müssen. Geistige Ermattung hingegen entgeht uns oft und kann teuer zu stehen kommen. Ein paar nützliche Anzeichen können uns sagen, wann wir aufhören sollten, unseren Kopf anzustrengen. So merkwürdig es auch erscheinen mag, auf diese Idee kam Adolf Hitler. Nach erbeuteten Dokumenten, die sich heute in der

Bibliothek der Universität Harvard* befinden, ersuchte Hitler kurz vor dem Ende des Zweiten Weltkriegs die wenigen, in Deutschland verbliebenen Sozialwissenschaftler um ein Gutachten, warum Menschen fehlerhafte Entscheidungen treffen. Die Wissenschaftler antworteten: Wenn sie geistig ermüdet seien. Darauf verlangte Hitler eine Liste der Symptome geistiger Ermattung und erließ Befehl, daß jeder General mit derartigen Symptomen einen kurzen Urlaub zu nehmen habe. Wie wir wissen, nahm Hitler sich selbst davon aus und traf weiterhin verkehrte Entscheidungen. An derartigen Symptomen können Sie vielleicht selbst feststellen, wann sich geistige Ermattung einstellt: zunehmender Gebrauch von Schimpfwörtern und Flüchen; die Neigung, eigene Fehler anderen in die Schuhe zu schieben; das Hinausschieben von Entscheidungen; Selbstmitleid; mangelnde Bereitschaft, sich Bewegung zu verschaffen oder auszuspannen; übermäßiger oder zu geringer Appetit. Ein anderes Erkennungszeichen ist die Tendenz, zu einer Art Hinhaltemanöver Zuflucht zu nehmen. Das erinnert an die Vortragsmethode der Minnesänger im Mittelalter: Der Troubadour verfügte über eine Reihe von Standardzeilen, die ihm Zeit zum Überlegen verschafften, welches Thema als nächstes an der Reihe war. Wenn wir geistig ermüdet sind, greifen wir zu Wendungen und Ausdrücken, die den gleichen Effekt haben. Indem wir Phrasen einflechten wie »An dieser Stelle

---

* Beschrieben in einem unveröffentlichten Bericht für die Nieman-Stiftung, verfaßt von William Lederer.

bemerkt man mit Interesse...« oder »Wenden wir uns jetzt einem anderen Problem zu...«, halten wir die Aufmerksamkeit unserer Zuhörer so lange aufrecht, bis wir unseren »geistigen Anschluß« wieder gefunden haben und den nächsten Gedanken anknüpfen.

Wenn wir erschöpft sind oder abgespannt, sagen wir die verkehrten Dinge. Am auffälligsten sind die falschen Wörter, die nur herausrutschen, weil sie sich mit den richtigen reimen oder ihnen sonstwie ähneln. Zu den verkehrten Dingen gehören auch Klischees, schlecht gebaute Sätze, Anleihen bei anderen und die Gespreiztheiten, die bei Shakespeare »weise Sprüche« heißen. Sie häufen sich, wenn wir müde sind, und vermeiden lassen sie sich wahrscheinlich nur, wenn wir diese Ermattung vermeiden. Da nun aber einmal viele Menschen geistig ermüdet ins Alter eintreten, müssen sie um so zwingender gegen solche Ermattungen besondere Vorkehrungen treffen.

Wir erholen uns von dieser Abgespanntheit, wenn wir uns Muße gönnen; doch das Ausmaß der Erholung hängt davon ab, was wir dann tun. Wir werden sicher nicht zum klaren Denken kommen, wenn wir unsere Freizeit mit anstrengenden Beschäftigungen füllen. Die Griechen hatten ein treffendes Wort, um den sinnvollen Gebrauch der Muße zu beschreiben: *eutrapelia,* was soviel heißt, wie »Etwas den Rücken kehren«. Wenn es Ihnen ernst damit ist, Ihre Probleme zu lösen, dann sollten Sie sorgfältig bedenken, was Sie tun, wenn Sie gerade nicht mit ihnen beschäftigt sind. Vielleicht lieben Sie komplizierte Puzzles, Schach oder andere geistig anspruchsvolle Spiele. Sie machen Ihnen Freude – aber sie ermüden auch, strengen an. Ist es so, dann hören Sie auf damit. Mäßigen Sie Ihre Ansprüche, lesen Sie Kriminalromane. Oder sehen Sie sich ein paar von den Unterhaltungssendungen an, die Sie früher erhaben verdammt haben.

Kreativ sein

Es heißt oft, daß Menschen, die ihre Lebensblüte hinter sich haben, nichts Neues mehr zu sagen hätten. Jorge Luis Borges klagte einmal: »Was kann ich mit Einundsiebzig schon anderes tun, als mich selber zu plagiieren!« Die Dinge, die sich leicht sagen lassen, sind alle schon gesagt worden, von anderen oder von uns selbst. Und wenn, was wir heute sagen, ähnlich klingt wie unsere früheren Bemerkungen, wiederholen wir uns. Eine der wirklich entmutigenden Erfahrungen des alternden Wissenschaftlers besteht in der Entdeckung, daß eine brandneue Erkenntnis – so bedeutsam, so geschliffen formuliert! – bereits in einer Arbeit steht, die er vor langer Zeit veröffentlicht hat.

Wir neigen auch dazu, in alten Geleisen zu denken, weil wir eben mit Positionen vertraut sind, die früher überzeugender schienen als heute. Betagte Wissenschaftler, Philosophen, Politiker und andere halten oft an Ansichten fest, die ihre Berechtigung hatten, als sie selbst jung waren. Sie tun dies allein deswegen, weil die Aneignung neuer Standpunkte als ein Eingeständnis früherer Irrtümer erscheinen und einen Verlust an Prestige mit sich bringen könnte. Dies trifft, in dieser oder jener Form, auf jeden Menschen zu. Ändert man seine Meinung, erscheint dies häufig als das Eingeständnis eines Irrtums; aber die frühere Absicht kann zu ihrer Zeit durchaus ihre Richtigkeit gehabt haben.

Wenn alten Menschen versichert wird, Sie könnten auch in Zukunft noch kreativ sein, werden gern berühmte Beispiele angeführt. Michelangelo wurde neunundachtzig Jahre alt und malte bis zuletzt. Verdi schrieb seinen *Falstaff* mit Achtzig und so geht das weiter. Doch nur wenige Menschen sind derart kreativ – gleich welchen Alters. Francis Bacon kam vielleicht näher an die Wahrheit heran, als er sagte: »Die Erfindungsgabe junger Männer ist lebendiger als die alter, und die Phantasie strömt ihnen stärker zu.« In einer klassisch gewordenen Untersuchung *Age and Achievement* (Lebensalter und Leistung) berichtete Harvey C. Lehman, daß diese Auffassung im Laufe der Zeit immer stärker belegt und untermauert wurde. Im 18. Jahrhundert erbrachten nach seiner Feststellung die Menschen ihre großen Leistungen in der Regel während ihrer Vierzigerjahre, im 19. und 20. Jahrhundert in ihren Dreißigern. »Die wirklich kreative Lebensphase«, schreibt er, »ist kürzer geworden, während sich die gesamte Spanne des Lebens verlängert hat.«

Diese Erkenntnis wäre für alte Menschen kein Trost, hätte Lehman nicht auch festgestellt, daß es in vielen Bereichen zu einem bemerkenswerten Aufschwung der Kreativität im Alter kommt. In einer

Kurve erfaßt er das Alter, in dem Dichter hervorragende Werke der Lyrik schrieben. Sie zeigt einen Höhepunkt zwischen Fünfundzwanzig und Neunundzwanzig, aber auch einen zweiten: zwischen Achtzig und Vierundachtzig. Die »einflußreichsten« Werke von siebzig Autoren entstanden vor allem in einer Lebensspanne zwischen fünfunddreißig und dreiundvierzig Jahren – und dann wieder im Alter von sechzig und vierundsechzig Jahren. Unter den bedeutenden Bildern im Louvre wurden viele von Künstlern im vierten Lebensjahrzehnt gemalt, zahlreiche stammen aber auch von Malern, die schon das siebzigste Lebensjahr überschritten hatten. Viele Werke der Kammermusik wurden von Komponisten während ihrer späten Dreißigerjahre komponiert, aber auch Anfang der Siebzigerjahre ist ein Höhepunkt des Schaffens erkennbar. Die Philosophen waren und sind anscheinend besonders produktiv im Alter zwischen Fünfunddreißig und Vierzig; aber sie bleiben es auch noch als Achtzigjährige.

Der Mut zu Neuem

Kinder sind in einem gewissen Sinn originell und kreativ, weil für sie alles, was sie tun, neu ist. Die neuen Eindrücke ihrer Umwelt verlangen von ihnen ein neues Handeln. Je älter sie werden, um so weniger Neues gibt es zu lernen und zu erfassen, und sie handeln allmählich nach gewohnten Erfahrungen. Wenn die gewohnten Verhaltensweisen ausreichen, gibt es keinen Grund, originell zu sein. Bei alten

Menschen ist die Wahrscheinlichkeit noch viel größer, ein Problem auf die vertraute Weise anzugehen, denn sie haben eine viel längere Praxis der Verhaltensgewohnheiten. Doch manche Probleme lassen sich nicht mit den alten Mitteln lösen. (Eines von ihnen ist die Langeweile, die sich einstellt, weil es an Abwechslung fehlt.)

Die Entstehung kreativer Gedichte, Romane, Bilder, Musik läßt sich mit der Entstehung der Arten vergleichen. Ebenso wie genetische Veränderungen – möglicherweise willkürlich – nach ihren Auswirkungen für den Fortbestand der Spezies selektiert werden, werden Variationen und Motive in Gedichten und Romanen, in der Malerei oder in der Musik im Prozeß des Entstehens nach ihren Eindrücken und Wirkungen auf die Sensibilität des Schriftstellers, Malers oder Komponisten ausgewählt. Kreative Menschen verstehen es einmal, die Variationsmöglichkeiten ihres Schaffens auszuweiten, und sie wissen zum anderen, welche Variationen sie auswählen und welche sie verwerfen müssen. Ihr Ansehen und ihre Wirkung hängen davon ab, ob die Leser, Betrachter oder Hörer ihrer Werke mit ihrer besonderen Wahl zustimmen, sie auch für sich akzeptieren. Ist das bei sehr vielen Menschen der Fall, so nennt man ihr Werk »universal«: Es erlangt »Weltgeltung«.

Bewußt Dinge anders machen

Eine Möglichkeit, originell zu sein, besteht darin, in der eigenen Art des Handelns und Verhaltens bewußt Änderungen vorzunehmen oder auszuprobieren. Versuchen Sie, »selbstverständliche Wahrheiten« in ihr Gegenteil zu verkehren, um zu sehen, was sich dann ergibt. Wenn Sie glauben, bei einer bestimmten Sache müsse ein vorgegebener Weg eingehalten werden: Warten Sie ab, was passiert, wenn Sie das einmal nicht tun. Möchten Sie eigentlich in eine bestimmte Richtung gehen: Bringen Sie den Mut auf, eine andere einzuschlagen. Versuchen Sie, das alte Fahrwasser zu verlassen und die Dinge einmal nicht auf die Art zu tun, die Sie einst gelernt haben – und sei es auch nur, um zu sehen, wozu das führt. Je extravaganter die Abweichungen sind, desto größeren Wert erhalten vielleicht jene Gewohnheiten, an denen festzuhalten lohnt. Um einen alten amerikanischen Werbespruch umzuwandeln: »Zeigen Sie die Flagge Ihrer Ideen und warten Sie ab, ob *Sie* vor ihr salutieren.«

Seine Zeit ausfüllen

Für viele Menschen beginnt das Alter mit dem Ausscheiden aus dem Arbeitsleben. Da man sich diesen Zeitpunkt manchmal selber wählen kann, könnte es scheinen, als ließe sich das Alter hinausschieben. Aber ein verzögerter Rückzug aus der Arbeit ist keine Lösung, die jedermann tauglich scheint. Im Gegenteil: Die meisten hören auf, so früh es geht. Vielfach werden sie dazu auch ermuntert. In Amerika hat das Sozialfürsorgesystem diesen Effekt, in der Bundesrepublik das vorgezogene Rentenalter, und nicht selten bekommen alte Menschen auch zu hören, daß sie Arbeitsplätze blockieren, die eigentlich für Jüngere freigemacht werden sollten. Weil man jüngeren Arbeitskräften nicht soviel bezahlen muß, werden in manchen Wirtschaftszweigen die Ruhestandsgelder so festgesetzt, daß ein Ausscheiden aus dem Arbeitsleben sogar attraktiv scheint. (In manchen Branchen legt man älteren Erwerbstätigen nahe, frühzeitig zu kündigen und solange wie möglich Arbeitslosenunterstützung zu kassieren, wobei der Arbeitgeber während dieser Zeit und bei der anschließenden Pensionsregelung die Differenz zum vorigen Einkommen draufzahlt. Auf diese Weise wird das Alter vorgezogen, und der frühzeitige Eintritt in den Ruhestand macht die Schwierigkeit, ihn auch zu genießen, nur noch größer.)

Die Pensionierung ist eine noch ziemlich neue Idee. Noch vor einigen Jahrzehnten taten die Menschen mit zunehmendem Alter eben einfach immer weniger von dem, was sie von jeher getan hatten, oder sie gingen zu Arbeiten über, die ihnen leichter fielen. Im Jahre 1870 war in Amerika nur ein Viertel der Männer über Fünfundsechzig nicht erwerbstätig. Ein Jahrhundert später war die Zahl auf drei Viertel gestiegen. Auch die Frauen in den Vereinigten Staaten scheiden früher aus dem »Arbeitsleben« aus. Als die Familien noch größer und kinderreicher waren, waren die Eltern zuweilen schon mehr als sechzig Jahre alt, ehe der jüngste Sproß das Haus verließ. Heute kann es leicht sein, daß sie dann kaum fünfundvierzig Jahre zählen. Wenn das »Alter« so früh beginnt, dauert es wahrhaftig lang.

Menschen, die ein aktives Leben führen und ihre Arbeit gern tun, stellen sich vielfach die Zeit nach der Pensionierung (oder dem Übergang »in die Rente«) als einen wohlverdienten Rückzug vor, einen Ruhestand. Dieses Klischee wird schon in jüngeren Jahren geprägt. Sie ziehen sich (von der Arbeit!) zur Nachtruhe zurück; sie erfreuen sich eines arbeitsfreien Wochenendes; sie haben ihre Freizeit, nehmen Urlaub, jedes Jahr.

Es ist leicht, den Rückzug aus einem tätigen Leben gedanklich in dieses Muster einzufügen; aber dieses Ausrasten, Sich-Erholen ist auch eine Wiederherstellung, eine Wiederbelebung – und diejenigen, die in den Ruhestand treten, um sich zu erholen, stellen schon bald fest, daß sie gern ins Arbeitsleben zurückkehren würden – aber es gibt keinen Arbeitsplatz mehr für sie.

Andere setzen sich sobald wie möglich zur Ruhe, weil ihnen ihre Arbeit nicht gefiel. Sie haben getan, was sie tun mußten, und sobald sie keinen zwingenden Grund mehr haben, im alten Trott weiterzumachen, hören sie nur zu gern auf. Sie haben die *Plackerei* des Lebens endlich hinter sich gebracht, sie sind der Mühe der Arbeit entkommen. Häufig aber stellen sie fest, daß sie manchem entronnen sind, das ihnen eigentlich gefiel. Ihre Arbeit hat sie aus dem Haus geführt, in Kontakt mit anderen Menschen gebracht und Zeit beansprucht, mit der sie nun nichts anzufangen wissen. Vielleicht spielen sie Tennis, worauf sie sich schon immer gefreut haben, vielleicht sitzen sie mehr vor dem Fernsehapparat und treffen sich öfter mit ihren Freunden – trotzdem bleibt viel Zeit, und Langeweile kann bedrückend werden. Für die meisten Leute ist das *Dolce far niente* ein Rezept für einen kurzen Urlaub; nun stellen sie fest, daß »süßes Nichtstun« bis ans Ende des Lebens gar nicht süß ist. Kleine Kinder erkennen oft ungewöhnlich genau, was sie bedrückt – »Ich habe nichts zu tun«, hört man sie häufig klagen.

Das Problem entstand mutmaßlich vor vielen tausend Jahren, als die Verdrängung des Sammelns und Jagens durch Ackerbau und Viehzucht zusammen mit der Entwicklung verbesserter Produktionsmethoden arbeitsfreie Zeit in beträchtlichem

Umfang schuf. Seither hat es dieses Problem immer gegeben. Und es ist größer und schlimmer geworden mit jedem neuen Gerät und jeder Maschine, durch all die Praktiken und Methoden, die Arbeitsaufwand ersparen – allen Vorteilen zum Trotz, die sich aus ihrer Erfindung ergaben. Unsere ganze Geschichte hindurch haben sich reiche Leute dem Spieltrieb ergeben, sportlichen Leidenschaften gefrönt, dem hemmungslosen Genuß der Völlerei, des Alkohols und von Drogen zugewandt. Doch ebenso ist dies ein Problem der Menschen, die in Heimen oder von der Fürsorge leben; sie kommen nur selten mit dieser »Freizeit« besser zurecht als die Begüterten. Im Hinblick auf die Fülle freier Zeit ist das Problem des Alters für Reiche und Arme gleich. Gibt es dafür eine Lösung?

Das Gute an der Arbeit

»Jede Arbeit«, sagte Carlyle, »sogar Baumwollspinnen, ist edel; die Arbeit selbst ist edel.« Zu deutsch hieß das: Arbeit adelt. Diese Behauptung hat heute nicht mehr viel Gewicht. Sie wird wie andere Maximen der »protestantischen Ethik« als eine Strategie der Reichen abgelehnt, die lediglich die niedrigen Löhne für die Armen rechtfertigen soll. Im eigentlichen Wortsinn – »hervorragend, hochgeboren« oder »erlaucht« – erscheint der Begriff »edel« (bei Carlyle: *noble)* als ein unangemessenes Beiwort für Arbeit. Und doch muß dies seine Bewandtnis haben, wenn wir nur die Situation der Menschen betrachten, die keine Arbeit haben, aus dem Arbeitsleben ausgeschieden sind.

Es gibt einen bedeutsamen Unterschied zwischen den langfristigen Ergebnissen der Arbeit – zum Beispiel dem für diese Leistung gezahlten Lohn – und ihrer unmittelbaren Wirkung. Es ist eher das letztere, was uns Freude bereitet. Stellen Sie sich einen Handwerker bei der Arbeit vor. Er schreinert ein Möbelstück, vielleicht für sich selbst, vielleicht für den Verkauf; aber dieser Unterschied ergibt sich erst, wenn die Arbeit vollendet ist. Es hat kaum etwas mit seiner Arbeitsweise zu tun oder mit der Freude, die er an seiner Arbeit empfindet. Für ihn ist viel wichtiger, wie ein Stück Holz sich verwandelt, während er es auf seiner Drehbank bearbeitet oder mit dem Schnitzmesser behandelt. Viel wesentlicher ist ihm die Genauigkeit, mit der zwei Stücke zusammenpassen, wie eine Oberfläche aussieht oder sich anfühlt, nachdem er sie geschmirgelt, gefirnißt und poliert hat. Diese unmittelbaren Wirkungen bestimmen jede seiner Bewegungen und das Glücksgefühl, das ihm seine Arbeit bescheren kann.

Aus den gleichen Gründen schreiben Leute Artikel, Erzählungen, Theaterstücke und Bücher. Wenn ein Buch abgeschlossen ist, kann es sein, daß es sich gut verkauft, Bewunderung findet und Ruhm bringt. Doch während es geschrieben wird, geht es dem Autor vor allem darum, wie die Sätze aussehen, ob sie ausdrücken, was sie sagen sollen, ob sie sich glatt ineinanderfügen und so fort. Ähnliches gilt für die Malerei und das Komponieren. Die langfristige Wirkung der vollendeten Arbeit ist eine Sache; was geschieht, wenn der Pinsel die Leinwand berührt oder ein musikalischer Einfall auf dem Klavier erklingt, ist eine andere.

Der Unterschied zwischen langfristigen und augenblicklichen Wirkungen spielt auch eine wesentliche Rolle bei allen Sportarten. Golfspieler treiben und putten die Bälle so, daß sie möglichst wenig Schläge für die Runde brauchen, weniger als ihre Gegner. Doch ob ein Golfspieler gut oder schlecht spielt, mit oder ohne Spaß an der Sache – das hängt davon ab, ob der Ball in die richtige oder die verkehrte Richtung über die richtige oder falsche Distanz geht, und ob er schließlich ins Loch fällt oder nicht. Die Kontrolle der Bewegung des Balles durch die Bewegung des Schlägers: das ist die Freude beim Golfen, und gewinnen oder nicht hat mit diesem unmittelbaren Erleben wenig zu tun.

Die unmittelbaren Wirkungen sind der »edle« Teil der Arbeit und jener, der am stärksten vermißt wird, wenn jemand eben keine Arbeitsaufgabe mehr hat. Diese Bedeutung von Arbeit wird unterschlagen oder unterschätzt, wenn man von alten Menschen behauptet, sie seien unaktiv, weil es ihnen an »Motivation« fehle. Dieser Ausdruck unterstellt, es stimme etwas mit diesen alten Leuten nicht – anstatt zu fragen, was mit den Verhältnissen nicht in Ordnung sei, in denen sie leben. Was darin fehlt, sind die erlebten Anregungen und Befriedigungen, die Menschen – ob bei der Arbeit oder beim Spiel – aktiv und damit »motiviert« erhalten.

Wenn wir die Dinge, die uns früher Freude machten, nicht mehr tun können, bedrückt uns das –

das ist ähnlich wie bei den Vermissungserlebnissen, wenn wir von einer Stadt in eine andere ziehen. Dinge, die wir an unserem früheren Wohnort getan haben, sind jetzt unmöglich geworden. Wir können nicht mehr in den alten Supermarkt gehen, nicht mehr den vertrauten Nachbar besuchen, nicht mehr zum selben Briefträger guten Tag sagen, unseren Hund nicht mehr die gewohnten Wege führen. Sehr viele Dinge, die uns einst Freude machten, gibt es nicht mehr. Das ist ein bißchen so, als sei uns jemand gestorben: Das, woran wir uns gemeinsam freuten, ist vorbei. Mit dem Ruhestand beginnen wir unsere Arbeit zu vermissen, wie uns die vertraute Stadt fehlt oder ein alter Freund.

Einige Hindernisse für Leute, die aktiv bleiben wollen

Es fällt uns schwer, aktiv zu bleiben, wenn andere uns die Arbeit abnehmen, und sei es mit den besten Absichten. Hilfe hilft nur denen, die sie wirklich brauchen. Die anderen werden der Möglichkeit beraubt, selbst aktiv zu sein und zu bleiben. Ein wahrhaft mitempfindender Gott würde – entgegen dem alten Sprichwort – eben jenen nicht helfen, die sich selbst helfen können. Denn Er – oder Sie – würde solche Gotteskinder nicht um die Freude an der eigenen Leistung bringen. Der wohlmeinende Freund, der uns in den Mantel hilft, bringt uns um die Gelegenheit, ein paar selten benutzte Muskeln in Bewegung zu setzen. Der gute Bekannte, der mit dem Auto anhält und uns ein Stück weit fährt, betrügt uns um ein Stück gesunden Spazierweges. Die lieben Nachbarn, die unsere Einkäufe besorgen, machen uns zu Stubenhockern. Es ist schwer, solche Hilfen abzulehnen, denn sie anzunehmen ist bequem und verletzt keine Gefühle.

Natürlich fällt es schwer, nicht zu helfen. Wir sehen einen kleinen Jungen, der seine Schnürsenkel zu binden versucht, und werden ganz zappelig, weil er sich damit so plagt. Also knüpfen wir ihm die Dinger und nehmen ihm damit eine Gelegenheit, es selbst zu lernen. Genauso regen uns alte Menschen zu unerbetener Hilfe an, und sie leiden ebensosehr darunter. In Pflegeheimen wird buchstäblich der Tod alter Menschen beschleunigt, weil sie zuviel unnötige Hilfe erhalten. Hilfeleistungen geschehen nicht immer aus reinem Mitgefühl. Alten Leuten zu »helfen« ist einfach leichter, schneller und billiger, als wenn man sie die Dinge selbst tun läßt.

Gewiß, wir können all die Selbstverständlichkeiten des Alltags nicht mehr so selbstverständlich tun wie einst. Gleichgültig, wie gut wir die biologischen Unzulänglichkeiten des Alters korrigieren, wie viele Hilfsmittel wir benützen, wie sinnvoll und hilfreich unsere Umgebung eingerichtet sein mag: eine ganze Reihe von Dingen, die uns früher leicht fielen, werden uns zu schaffen machen. Und doch ist es eine Übertreibung, mit Bulwer-Lytton zu sagen:

> »Im Lexikon der Jugend ...
> ... sucht man vergebens
> nach einem Wort wie – *versagen!*«

Auch junge Menschen versagen hin und wieder. Aber es passiert eben öfter, wenn wir älter werden. Es ist dann einfach ein natürlicher Impuls, Unternehmungen einzustellen, die wir nicht erfolgreich ausführen können; aber wenn wir dafür keinen Ausgleich, etwas anderes finden, geht uns ein Stück Freude ab.

Aktiv bleiben, heißt nicht, daß man sich keine Ruhe gönnt. Ausruhen bedeutet nicht Langeweile. Im Gegenteil – das ist eine der erfreulichsten Beschäftigungen – vorausgesetzt, es verlangt uns danach. Die Art Untätigkeit, die wir als Langeweile empfinden, besteht letztlich darin, daß man gar nichts hat, was man tun möchte, wonach einen verlangt.

Beschäftigungen ohne rechten Sinn

Statt nach einer neuen Beschäftigung zu suchen, möchten Sie vielleicht manchmal etwas aufgeben, das Ihnen keine Freude mehr macht; etwas, an dem Sie festgehalten haben, obwohl sich die einst damit verbundenen Anregungen nur noch selten einstellen. Ein solches Verhalten wirkt irrational, läßt sich aber erklären. Es stellt sich ein, wenn die Erfolgserlebnisse nachlassen und Erwartungen enttäuscht werden. Man kann das an einem Beispiel illustrieren: Angeln an einem Forellenbach, der beinahe ausgefischt ist. Der Angler wartet von Tag zu Tag länger auf seinen nächsten Fang. Hätte er, als er zum erstenmal an diesem Gewässer stand, so wenige Forellen gefangen wie jetzt – er wäre nie an diesen Platz zurückgekehrt. (Willy Loman in Arthur Millers *Tod eines Handlungsreisenden* hat sein Reservat leergefischt.) Ein anderes Beispiel ist die Tragödie des Glücksspielers, der, durch Anfangserfolge verleitet, »angebissen« hat und dann nicht mehr aufhören kann. Die Erklärung für unseren Zusammenhang ist einfach: Vieles von dem, was Sie heute tun, haben Sie in einer Zeit größerer oder anderer Leistungsfähigkeit erlernt. Wenn Sie mit frischem und wachem Blick auf die gegenwärtigen Bedingungen schauen, werden Sie sich anderen Dingen zuwenden.

Es ist wahrscheinlich nicht sehr ergiebig, wenn Sie sich mit einer Sache beschäftigen, nur weil Sie meinen, Sie seien dazu verpflichtet oder sollten das tun, oder weil Sie ein Buch gelesen haben, in dem so etwas steht. Was Sie tun, muß Ihnen mehr geben als Entlastung von Schuldgefühlen, weil sie untätig »herumsitzen«. Statt des krampfhaften Versuchs, einer auferlegten Tätigkeit Freude abzugewinnen, sollten Sie Ihre Mühe darauf richten, etwas anderes zu finden, das Ihnen wirklich gefällt. Das wird wohl Zeit in Anspruch nehmen. Denn Sie wissen zwar, was Sie jetzt gern tun würden; aber Sie haben noch keine Ahnung davon, was Sie mit viel größerer Begeisterung tun würden, wenn Sie für diese andere, unbekannte, völlig neue Sache Geschick erwiesen hätten.

Nicht die Hände in den Schoß legen

Der beste Weg, sich der mit den Jahren abnehmenden Geschicklichkeit und Körperkraft anzupassen, besteht im »slow down«: Drosseln Sie das Tempo, arbeiten Sie jeden Tag etwas weniger. Langsamer zu arbeiten fällt oft schwer, denn unser Arbeitstempo haben wir in jüngeren Jahren erlernt. Auch wenn das Tempo nicht mehr stimmt und an Ihren Kräften zehrt, ist es schwer, sich umzustellen. Versuchen Sie, sich bei irgendeiner vertrauten Arbeit ein paar Minuten lang bewußt ganz langsam zu bewegen. Wenn Sie im Zoo einmal ein Faultier gesehen haben: Nehmen Sie es sich eine Weile zum Vorbild. Sie werden wahrscheinlich feststellen, daß Sie mit der Zeit etwas anders arbeiten. Und es wird sich als sehr hilfreich erweisen, wenn Sie zu einem gemäßigten, vernünftigen Arbeitsrhythmus zurückkehren.

Wenn Sie zu einem abrupten Übergang in den Ruhestand gezwungen sind: Halten Sie Ausschau nach Chancen, dieselbe Art Arbeit irgendwo anders fortzusetzen. (Machen Sie sich keine Gedanken über die Arbeitsplätze. Der Wohlstand der Nation hängt von der Produktivität seiner Bürger ab, und ein Land wird ärmer, wenn diejenigen, die einen Beitrag leisten können, daran gehindert werden. Das Problem der Arbeitslosigkeit muß nicht durch Opfer alter Menschen gelöst werden. Sie gehören zu den Erwerbslosen, und sie müssen ihr Problem zu lösen versuchen wie die übrigen Arbeitslosen auch.) Wenn Sie in den Ruhestand getreten sind, weil sie körperlich nicht mehr arbeitsfähig waren, dann sind Sie immer noch fähig, Ihr Wissen anderen zu vermitteln. Der ehemalige Baseballspieler wird Spieleragent, der Fußballspieler Trainer, der Manager Firmenberater – da geht das ja auch.

Finden Sie nichts in der Art Ihrer früheren Beschäftigung: Versuchen Sie es mit etwas Neuem. Es braucht nichts zu sein, was Ihnen auf den ersten Blick zusagt. Viele Leute haben ziemlich unglücklich gelebt, weil sie sich ein Arbeitsgebiet aussuchten, das ihnen dann keinen Spaß machte, obwohl sie sicher damit gerechnet hatten. Andere haben eine Arbeit aufgegeben und hinterher entdeckt, daß sie ihnen eigentlich doch gefiel. Vielleicht hat Ihnen Ihre frühere Arbeit zunächst nicht viel gegeben, schließlich aber doch gefallen, weil mit dem Geschick das Gefallen kam. Suchen Sie etwas, was Sie *können;* es mag ja sein, daß es Ihnen auch Spaß macht, sobald Sie gut werden. Fangen Sie langsam an, damit Fehler und Fehlschläge Sie nicht frustrieren. Wenn Sie etwas Neues mit ein oder zwei Stunden pro Tag und unter nicht zu anstrengenden Bedingungen beginnen, wird es Sie vielleicht überraschen, wie leicht es Ihnen fällt, länger und intensiver zu arbeiten.

Lassen Sie aber nicht den Mut sinken, wenn es seine Zeit braucht. Denken Sie daran, wie lange es gedauert hat, bis Sie die Dinge gelernt hatten, die Sie früher taten. Bacon irrte mit der Behauptung: »Wir lernen in der Jugend und handeln im Alter.« Wohl müssen wir lernen, ehe wir handeln: doch das gilt für jedes Lebensalter. Auch betagte Hunde haben von geschickten Lehrern schon manches Kunststück gelernt.

Viele karitative und philanthropische Organisationen werden Ihre Unterstützung als freiwilliger Helfer nur zu gern annehmen. Und vermutlich werden Sie sich sehr bald sehr viel heftiger für deren Ziele engagieren, als Sie anfangs gedacht hatten. Ein anderes Betätigungsfeld, das Ihnen wahrscheinlich offensteht und mit zunehmender Kenntnis Befriedigung vermittelt, ist die Politik. In der Bundesrepublik stellen heute die Menschen über Fünfundsechzig ein Fünftel der Wählerschaft: Sie können mit ihrem Einfluß Ergebnisse erzielen, die sich nachhaltig auf das Wohlbefinden alter Menschen auswirken – Verbesserungen der gesundheitlichen Betreuung, der sozialen Sicherungen und Wohlfahrtseinrichtungen, der Altenheime, der Wohnbedingungen und vieles andere mehr. In den vergangenen Jahren ist schon viel getan worden, doch es könnte noch weit mehr geschehen, um das Leben alter Menschen freundlicher zu gestalten: Zum Beispiel freie Fahrt in öffentlichen Verkehrsmitteln außerhalb der Spitzenzeiten oder bequeme Weiterbildungsmöglichkeiten für jedermann. Sie können sich in Ihrem Rahmen für solche Verbesserungen einsetzen. Schreiben Sie Leserbriefe an Zeitungen, oder wenden Sie sich an Ihren Abgeordneten. Unterstützen Sie die Kandidaten, die für solche Anliegen Aufgeschlossenheit zeigen. Sie können sich in Wahlkampfzeiten der Partei Ihrer Wahl zur Verfügung stellen, Briefumschläge beschriften, Flugblätter verteilen, Sympathiewerbung betreiben – ganz nach Talent und Möglichkeiten. Der organisierte politische Einfluß älterer Menschen wird mit jedem Jahr wachsen, und Sie könnten dazu beitragen. Dabei gewinnen Sie in zweierlei Hinsicht: Sie bleiben aktiv und werden sich an dem Wandel freuen, den Sie mitbewirkt haben.

Sie können an Ihrem Wohnort, in Ihrem Viertel eine Gruppe organisieren oder sich einer anschließen, in der man Geselligkeit findet und sich über die Probleme des Altwerdens ausspricht. Sie können auch einer landesweiten Organisation wie den »Grauen Panthern« beitreten, die die Interessen alter Menschen vertritt. Es ist sogar denkbar, daß in nicht allzu ferner Zukunft eine internationale Organisation zur Verbesserung der Lebensbedingungen alter Menschen entstehen wird.

Allen Problemen des Alterns kann man mit der rechtzeitigen Planung künftiger Aktivitäten wahrscheinlich am besten begegnen. Statt dem Ruhestand als wohlverdientem Ausrasten oder ersehntem Ende harter Arbeit entgegenzuharren, sollte man sich klarmachen, wie diese Zeit einmal aussehen wird. Wenn man eine berufliche Tätigkeit wählt, sollte man überlegen, ob sie einem erlauben wird, später allmählich auszuscheiden – oder ob sie mit einem abrupten Stopp von einem Tag auf den anderen endet. Man kann auch den Veränderungen des Alters leichter Rechnung tragen, wenn man nicht einfach einen Job ausübt, sondern sich einen Beruf wählt, der einem Befriedigung gibt. Wenn Sie Ihre Wahl schon getroffen haben: Es besteht immer noch die Möglichkeit, sie so zu ändern, daß Ihre Beschäftigung Ihnen beim Übergang in ein aktives Alter von Nutzen ist.

KAPITEL 7

Ein gemütliches Heim schaffen

Gewöhnlich bringt das Alter auch Veränderungen unserer Umgebung und Lebensgewohnheiten mit sich. Vielleicht ziehen wir in ein kleineres Haus, vielleicht aufs Land, wir suchen einen Wohnort in milderem Klima oder eine Gegend, wo wir unseren Kindern näher (oder ferner) sind, oder die Dinge finden, die uns besonders viel Freude machen – oder wo es billiger ist zu leben. Die Entscheidung, ob man umziehen soll, hat viel Ähnlichkeit mit der Entscheidung, ob man in den Ruhestand gehen soll: Wir wissen mehr über unser Leben vor diesem Zeitpunkt als darüber, wie es danach aussehen wird. Welche neuen Bekannten und Freunde werden wir finden? Wie viele Dinge, an denen wir hängen, müssen wir aufgeben? Die Entscheidung kann Folgen haben, die uns viel Kummer bereiten. Ein altes Paar zieht mutig in eine neue Umwelt, weil man aneinander eine sichere Stütze hat, aber dann stirbt der eine Partner, und der andere – zumeist die Partnerin – ist mit einemmal sehr allein und fremd an diesem Ort.

Doch wo wir auch leben: Wir fühlen uns in

dieser Lebensphase sehr viel stärker an Heim und Umgebung gebunden. Der Ruhestand hat uns die Notwendigkeit genommen, regelmäßig das Haus zu verlassen, und man setzt sich nicht mehr so leicht in Bewegung. Wir müssen also etwas tun, um unsere heimische Umgebung freundlicher und anziehender zu gestalten.

Eine angenehme Lebenssphäre

Doch gleich, wo wir wohnen: Eine gründliche Bereinigung der Umstände lohnt sich. Eine solche Vereinfachung ist kaum ein Problem, wenn man umzieht: Leben Sie aber weiterhin in Ihrem bisherigen Zuhause, so sind einige entscheidende Schritte notwendig. Der Psychologe G. Stanley Hall schrieb ein Buch über das Alter mit dem Titel *Senescence* und schilderte darin seine ersten Schritte in den Ruhestand: Er inspizierte vom Speicher bis zum Keller das ganze Haus und schaffte alles beiseite, was er nicht mehr brauchte. Er nannte diesen Prozeß »Ballast abwerfen«. Die schiere Sorge um ein Haus kann schon zur Last werden. Jetzt beginnen Sie langsam zu verstehen, was Thoreau mit der Bemerkung meinte: Nicht ein Mann besitze ein Haus, sondern das Haus besitze den Mann. Wenn Sie nicht in ein kleineres Haus umziehen können, so können Sie zumindest Ihrem bisherigen eine Entschlackungskur verpassen.

Es ist an der Zeit, eine Menge Dinge wegzugeben, die Sachen, die Sie nicht mehr brauchen können an Bekannte oder karitative Einrichtungen, und jene Gegenstände, die Ihnen am Herzen liegen an Bekannte oder liebe Menschen, denen Sie sie ohnehin hinterlassen wollten. (Wenn Sie viel Platz zum Speichern haben, werden Sie entdecken, daß Sie sich selbst mancherlei Vermächtnis hinterlassen haben – zum Beispiel jenes Geburtstagsgeschenk, das seinerzeit wirklich zu gar nichts nütze war, aber in den letzten fünf Jahren genau das richtige Utensil gewesen wäre!)

Abwechslung

Shakespeare sagte von Kleopatra: »Sie macht das Alter nicht welk, noch täglicher Genuß ihr stumpf den Reiz, den immerneuen.« Sie lebte nicht lange genug – das Alter hatte keine Chance. Bei Ihnen ist das etwas anderes gewesen. Die Blütenfrische ist ein bißchen welk geworden, aber manche dieser Begleitumstände des Alterns hätten sich verhüten lassen. Schuld daran sind unsere leidigen Gewohnheiten. Sie machen jedes Lebensalter stumpf. Wir tun am liebsten das, was wir immer getan haben, denn es hat sich ja erfolgreich erwiesen. Aber es tut nicht gut, immer das gleiche zu tun.

Wenn ein Heim nicht mit sehr viel Geschick gestaltet und ausgeschmückt ist, wird es mit der Zeit monoton. Tag für Tag sieht es gleich aus. Der Mangel an Vielfalt und Abwechslung geht vielleicht auf unsere Gedankenlosigkeit zurück. Sie spielen ja nicht tagein, tagaus immer dasselbe Musikstück – warum sollten Sie jahrein, jahraus immer die gleichen Bilder an Ihren Wänden hängen haben? Sie haben Sie einmal aufgehängt, damit man sie auch ansieht: Aber wenn Sie nicht ein Mensch von ganz besonderer Art sind, schauen Sie sie schon lange nicht mehr an. Warum also hängen Sie Bilder an die Wand, wenn Sie sie schon lange nicht mehr mit Vergnügen betrachten?

Wenn Sie die Freude an Bildern wiederentdekken wollen, sollten Sie ein wenig experimentieren. Oft werden Kunstbände oder Kunstkalender mit hervorragenden Reproduktionen zu Sonderpreisen verkauft. Suchen Sie sich einen aus, der Ihnen gefällt, und nehmen Sie ihn auseinander. Plazieren Sie die Bilder in Wechselrahmen an Stellen, wo Sie sie täglich vor Augen haben – neben dem Eßtisch oder über dem Fernseher – und setzen Sie alle paar Tage oder jede Woche eine andere Reproduktion ein. Wenn Sie merken, daß Ihnen das eine oder andere Bild besonders zusagt, dann besorgen Sie sich doch schöne Reproduktionen in größerem Format für Ihre Wände und tauschen sie öfter aus, damit Ihnen die böse Gewohnheit nicht wieder Streiche spielt. Und begegnen Sie Ihren Hörgewohnheiten auf die gleiche Weise: Kaufen Sie neue Schallplatten, nehmen Sie andere Musikstücke auf, wechseln Sie öfter die Hörprogramme, eine kleine Drehung am Radiogerät genügt.

Es gibt einen Grund, warum es alten Leuten besonders schwerfällt, sich auf neue Lebensgewohnheiten einzustellen. Wir sprechen dieselbe Sprache, solange man uns versteht. Wenn wir in ein Land ziehen, wo eine andere gesprochen wird, müssen wir entweder Menschen unserer Sprache finden oder die neue erlernen. Ähnlich ist es, wenn wir immer die gleichen Sachen tragen, immer in gleichen Wohnvierteln leben, über die gleichen Dinge reden und die gleichen Dinge tun. Wenn wir nun älter werden und uns manche dieser Angelegenheiten nicht so leicht von der Hand gehen oder beschäftigen, dann müssen wir uns entweder mit der Gesellschaft anderer alter Menschen begnügen, die ähnlich eingeschränkt sind, oder uns neue Lebensformen erschließen. Doch genauso wie wir unsere Muttersprache leichter erlernt haben, weil es für uns keine andere gab, so haben wir auch unseren Lebensstil entwickelt, weil wir dazu gar keine Alternative sahen. Junge Menschen können lediglich wählen zwischen dem absolut Neuen – oder gar nichts. Bei alten Menschen hingegen, die etwas Neues ausprobieren und daran scheitern, besteht die Gefahr, daß sie nur allzu leicht in ihre alten Gewohnheiten zurückfallen.

Erleichterungen

Sie werden an Ihrem Alter mehr Freude haben, wenn Sie die alltäglichen Lästigkeiten abstellen. Das versteht sich zwar von selbst, aber lästige Dinge bauen sich häufig so langsam auf, daß sie unbemerkt bleiben. Man verliert das Gefühl dafür. Eine Matratze verformt sich allmählich, und man liegt darauf immer unbequem. Sich mit dieser Unbequemlichkeit klaglos abzufinden, das mag für manche eine befriedigende Anpassung an einen solchen Zustand sein, doch eine neue Matratze nach Ihren Bedürfnissen ist schon eine bessere Sache. Wenn Ihr Lieblingssessel nicht mehr so gut paßt wie einst, kann ein neuer Sessel zum Genuß werden. Wenn die Lichtempfindlichkeit Ihrer Augen wächst, werden starke und grelle Lampen zur Pein, und das Kerzenlicht verliert seinen nostalgischen Reiz, wenn Ihre Sehkraft nachläßt. Eine blendfreie Leselampe wird da zur erfreulichen Überraschung.

Plötzliche körperliche Anstrengungen sind keine gute Übung. Türen und Schubläden sollten nicht klemmen. Schwere Taschen oder Aktentaschen können Gelenkschmerzen verursachen – ein Tragriemen über die Schulter hilft. Ein kleiner Einkaufswagen kann eine große Erleichterung sein. Zu Hause lassen sich die Dinge, die man am häufigsten braucht, in bequemer Reichweite unterbringen. Wenn Sie eine Garage haben: Könnte sich nicht ein elektrischer Türheber rentieren? Wenn Sie Schnee räumen müssen: Verwenden Sie eine kleine Schaufel, arbeiten Sie langsam, Sie haben Zeit.

Ältere Menschen verlangt es oft nach schön warm geheizten Räumen, das kann beim Zusammenleben mit jungen Frischluft-Fans leicht zu Reibereien führen. Ziehen Sie sich einfach wärmere Sachen an oder probieren Sie diese neuartige wärmespendende Unterwäsche. Eine Heizdecke löst das Problem beim Schlafen, und untertags ist ein Heizkissen neben dem Sessel auch eine Hilfe gegen kalte Füße. Solche Ratschläge sind altbekannt. Aber überraschenderweise werden sie kaum befolgt.

Sie brauchen nicht nach Mallorca oder nach

Teneriffa umzuziehen, um Ihren Kleidungsstil zu ändern. Wenn es bequemere Kleidung und praktischere Schuhe gibt als die, die Sie Gott weiß wie lang schon zu tragen gewohnt sind – warum ziehen Sie die nicht einfach an?

Lärm und Umweltverschmutzung sind Probleme, die immer ernster werden. Viele Leute gewöhnen sich daran, vielleicht ist das auch eine Lösung. Eine andere wäre, an den Stadtrand oder aufs Land zu ziehen, aber das kann kostspielig werden. Es gibt billigere Auswege. Watteпропfen für die Ohren (in jeder Drogerie erhältlich) dämpfen den Lärm von der Straße und den Radio- oder Fernsehapparat Ihres Nachbarn. Ein Raumspray überdeckt unangenehme Gerüche, auch wenn es sie nicht beseitigt: dagegen sorgt ein handliches Filtergerät auch für reine und geruchsfreie Zimmerluft. Es paßt Ihnen vielleicht nicht, daß die Hersteller von Seife, Möbelpolitur und Putzmitteln bestimmen, wie es in Ihrem Heim riecht. In den alten Zeiten, als schlechte Gerüche weitgehend auf unzureichende sanitäre Einrichtungen zurückgingen, griff man zu starken Parfüms und Weihrauch. Sie werden vermutlich die Kritik überleben, wenn Sie Ihr Problem auf ähnliche Weise lösen.

Sicherheit

Verletzungen schmälern die Freude am Leben, und erst recht, wenn wir alt sind, denn dann machen sie uns mehr zu schaffen. Geschwächte Muskeln und schlechtes Sehvermögen erhöhen die Gefahr, daß wir stolpern und uns im Sturz nicht mehr fangen können. Beim Überqueren einer Straße erkennen wir nicht mehr so leicht wie früher, daß da ein Fahrrad aus der verkehrten Richtung kommt. Halten Sie sich an die klassische Verkehrsregel: »Stehenbleiben, sich umsehen, horchen.« Wir hätten als Kinder sorgfältiger sehen und lauschen gelernt, wenn wir mit Seh- und Gehörmängeln auf die Welt gekommen wären. Es ist auch jetzt zum Lernen nicht zu spät. Sicherheitsvorkehrungen im eigenen Haus sollten selbstverständlich sein. Sorgen Sie dafür, daß alle Teppiche eine Gummiunterlage haben und keine Leitungsschnüre herumliegen, über die man stolpern könnte. Sortieren Sie Sitzgelegenheiten aus, deren Benutzung anstrengende oder akrobatische Balanceakte erfordert. Wenn es Ihnen wie manchen alten Menschen passiert, daß Sie gelegentlich aus dem Bett fallen: Lassen Sie einen Rahmen anbringen. Und natürlich müssen alle Treppen im Haus ein Geländer haben. Ein Haltegriff neben der Badewanne kann buchstäblich zum Lebensretter werden. Steigen Sie jedesmal auf genau die gleiche Weise – wie ein Ballettänzer, der einen schwierigen *pas* übt – in die Wanne und heraus, und halten Sie sich dabei fest. Sie haben seit vielen Jahrzehnten Dinge auf eine Art getan, die früher sicher genug war: nun aber ist die Zeit gekommen, neue Gewohnheiten zu lernen.

Sie werden mehr vom Leben haben, wenn Sie sich in Ihrem Heim sicher fühlen. Machen Sie es also gegen Eindringlinge sicher. Eine starke Kette an der Eingangstür wirkt beruhigend. Fensterverriegelungen kann man mühelos anbringen. Es kann natürlich sein, daß Sie einmal krank sind und Hilfe brauchen: Lassen Sie die Sicherheitskette weg und einen zweiten Schlüssel bei einem Menschen, zu dem Sie Vertrauen haben. Überlegen Sie auch, wie Sie ohne Mühe jederzeit Hilfe herbeirufen können.

Ein wirklich einbruchsicheres Heim trägt dazu bei, daß man ruhig schlafen kann; ganz zu schweigen davon, daß es Ihrer Gesundheit zugute kommt. Wenn Sie fürchten, daß Sie im Schlaf einen Einbrecher nicht hören könnten, dann lassen Sie eine Alarmanlage installieren. Sie wird nicht nur den Einbrecher erschrecken, sondern auch dafür sorgen, daß Sie sofort wach werden. Eine Alarmanlage ist nicht teuer und läßt sich so einrichten, daß Sie sie abstellen können, bevor Sie das Bett verlassen. Ein Hund, der die Größe Ihres Heimes nicht sprengt, lohnt vielleicht die Mühe, daß man sich um ihn kümmern muß.

Wenn Sie befürchten, auf der Straße überfallen zu werden, halten Sie sich an den üblichen Rat: Nur auf gut beleuchteten Straßen gehen, vorzugsweise in Begleitung, und sich von Hauseingängen fernhalten. Tragen Sie möglichst wenige Dinge bei sich, die Sie nicht verlieren wollen. Wenn Ihnen die Hand- oder Aktentasche weggerissen wird, lassen Sie sie lieber los, wenn Sie keinen verrenkten Ellenbogen riskieren wollen. Denken Sie daran, daß der Räuber im Vorteil ist; geben Sie nach, wenn Sie – notfalls – eines Tages noch einmal ausgeraubt werden wollen. Ihr Polizeirevier hat vielleicht noch weitere Anregungen, wie Sie sich in Ihrem Wohngebiet schützen können. Im übrigen: Lassen Sie sich von diesen Hinweisen keine Angst einjagen, denn dies ist wohl eher ein Problem in unseren amerikanischen Großstädten.

Programmieren Sie Ihr Leben

Beim Eintritt in den Ruhestand löst sich mit aller Wahrscheinlichkeit der Stundenplan Ihres bisherigen Alltags auf. Leben Sie allein, genießen Sie es vielleicht, nur dann aufzustehen, wenn Sie Lust dazu haben, den ganzen Tag im Schlafanzug herumzulaufen und einfach dann zu essen, wenn Sie Appetit bekommen. Die Wochenenden unterscheiden sich wenig von den Werktagen. Leben Sie mit einem Partner oder einer Partnerin zusammen, ergibt sich eher irgendeine neue Ordnung Ihres Tagesablaufs: aber es kommt auch vor, daß man zu zweit im freundlichen Chaos versinkt.

Viel läßt sich zugunsten eines einigermaßen geregelten Tagesablaufs sagen. Er kann sich günstig auf Ihre Gesundheit auswirken. Leute, die ständig in verschiedenen Gegenden der Welt unterwegs sind, leiden meist unter ihrem ungeregelten Leben. Wenn Sie System in Ihrem Alltag haben, wird es Ihnen nicht so oft passieren, Hals über Kopf Entschlüsse fassen oder erfreuliche Vorhaben aufschieben zu müssen, bis es zu spät dafür ist. Manche alte Menschen halten sich auch an ihren gewohnten Tagesablauf mit den festen Zeiteinteilungen: doch viele haben das Bedürfnis, ihn neu zu entwerfen. Wir haben einen

Bekannten, der am Morgen das Schlafzimmer nicht eher verläßt, bis er das Bett gemacht hat, und eine Bekannte, die sich erst an den Frühstückstisch setzt, wenn sie ihr selbstgesetztes Pensum auf dem Trimmrad abgeradelt hat. Solche Strategien ersparen einem die Mühe, immer wieder neue Entschlüsse fassen zu müssen.

Eine Lieblingssendung im Fernsehen beansprucht eine bestimmte Stunde des Tages, und um diese Stunde herum lassen sich Perioden gruppieren, in denen man notwendige Hausarbeiten erledigt, sich mit Hobbys oder Übungen in Schwung hält oder der Muße hingibt. Wenn Sie die Thriller von Rex Stout kennen, können Sie sich ja Nero Wolfe zum Vorbild nehmen: Egal, wie dringlich der Fall ist, den er aufklären soll – er widmet jeden Tag eine festgelegte Stunde seinen Orchideen. Vielleicht ist es für Sie von Nutzen, wenn Sie bestimmte Stunden zum Nachdenken, für Yoga oder Meditation, zum Lesen und Briefeschreiben, für Spaziergänge und Haushaltsarbeiten festlegen und täglich eine Bilanz Ihrer erfolgreichen Lebensgestaltung ziehen können: Körperliche Übungen nach dem Fahrplan eingehalten, nur die richtigen Sachen gegessen und das mit Genuß, die Ratschläge des Arztes befolgt und möglicherweise sogar unsere ...

Diät und Bewegung

Richtige Diät und körperliche Bewegung tragen viel zu einem langen, gesunden und damit erfreulichen

Leben bei. Ihr Arzt kann Ihnen am besten sagen, was Sie essen und wieviel Bewegung Sie sich verschaffen sollen. Leider bedeutet das Wissen, was man tun sollte, nicht unbedingt, daß man es auch tut. Schriftliche Aufzeichnungen können helfen. Setzen Sie sich Ziele und malen Sie in einem Kalender das Kästchen für den betreffenden Tag so weit aus, daß daran zu sehen ist, wie nahe Sie ihnen gekommen sind. Tun Sie dies Tag für Tag. Suchen Sie sich eine Gegend, wo Sie gern spazierengehen, und schaffen Sie sich bewußt Anlässe, aus dem Haus zu gehen. Wir kennen eine Frau, die ihren Lebensbedarf immer nur für einen Tag einkauft. Auf diese Weise ist sie »gezwungen«, aus dem Haus zu gehen, auch wenn sie dazu keine Lust hat; sie erlebt etwas, sie ist unter Menschen, und wenn sie zurückkommt, ist sie immer froh, daß sie ausgegangen ist.

Mußestunden

Womit wir uns beschäftigen – ob in der häuslichen Umgebung, die wir uns nun so angenehm und behaglich eingerichtet haben, oder außerhalb des Heims – ist ganz besonders wichtig für Zufriedenheit in unserem Leben.

Ja, es ist gesagt worden, daß unsere Zufriedenheit in den zweiten vierzig Lebensjahren mehr als von allem anderen davon abhänge, was wir mit unseren Mußestunden anfangen.

Alte Menschen haben mehr Zeit, etwas anzufangen, aber es fällt vielen schwer, sich auch etwas einfallen zu lassen. Die Zeit nur totzuschlagen – das hat wenig für sich. Thoreau meinte, wir könnten die Zeit nicht totschlagen, ohne die Ewigkeit zu beschädigen. Ob das nun wahr ist oder nicht: Auf jeden Fall verkürzen wir dadurch die Zeit, uns am Leben zu erfreuen. Wir müssen danach trachten, unsere Zeit *auszufüllen*, nicht sie hinter uns zu bringen. Natürlich hängt viel von unseren finanziellen Möglichkeiten ab, doch der Gedanke sollte uns trösten, daß auch die »Muße-Klassen« das Problem nicht sehr erfolgreich gelöst haben. Sie haben zwar mehr Freizeit und mehr Mittel, diese freien Stunden zu gestalten, aber sie sind dadurch augenscheinlich nicht glücklicher geworden. So viele schöne Dinge kann man sich auch mit begrenzten Mitteln leisten – es kommt mehr auf das Talent dazu an.

Wenn Sie früher einmal ein Instrument gespielt haben, Gedichte oder Erzählungen schrieben, Bilder gemalt oder Briefmarken gesammelt haben, versuchen Sie, damit wieder anzufangen. Viele öffentliche Bibliotheken bieten nicht nur Bücher zum Ausleihen, sondern auch eine Menge anderer Anregungen: Lesesäle und Diskussionskreise, Vorträge, Dichterlesungen, Spielangebote. Ein Radioapparat reicht schon aus, um immer die Musik hören zu können, die man liebt oder gerade mag. Vielleicht legen Sie sich auch ein neues Gerät zu, das Ihnen einen besseren Empfang und mehr Programme bietet. Wenn Sie nicht mehr gut hören, vertauschen Sie die Musik gegen Bücher oder die bildenden Künste; hat Ihre Sehkraft nachgelassen, verlegen Sie sich auf die Musik.

Und wenn es überhaupt nichts gibt, was Sie

wiederaufgreifen können, lernen Sie etwas Neues. In vielen Städten gibt es ausgezeichnete Kurse zur Erwachsenenbildung. Dazu kommen Fernsehprogramme und Bücher, unter deren Anleitung man Malen, Bildhauen, Handarbeiten und andere manuelle Fertigkeiten erlernen kann. In anderen erfahren Sie, wie man zum Beispiel einen Gourmet verwöhnt oder selbst zu einem Feinschmecker wird, der sich verwöhnen läßt, welche Pflanzen in Ihrem Garten gedeihen können, und wie Sie ein gärtnerisches Talent entfalten, das Sie nie in sich vermutet hätten. Wenn Sie kein Sonnenfenster für Ihre Blumen haben, können Sie das lebenspendende Licht notfalls auch durch künstliche Beleuchtung ersetzen. Sollten Sie solche Dinge noch nie getan haben, sind Sie um die Fülle der bevorstehenden Entdeckungen zu beneiden. Haustiere sind interessant. Ein Vogel im geräumigen Käfig, Goldfische in einem Bassin verlangen nicht viel Pflege und können bei Nachbarn einquartiert werden, wenn Sie verreisen. Eine Katze oder ein Hund machen mehr Arbeit, aber sie sind auch engere Gefährten. Kompliziertere biologische Gebilde wie eine Ameisenkolonie, auf einem Spaziergang entdeckt, sind faszinierend zu beobachten. Versuchen Sie, Abwechslung in Ihren Alltag zu bringen. Experimentieren Sie einmal ein paar Wochen lang mit verschiedenen Zeitungen, Illustrierten und Büchern unterschiedlicher Sparten. Schalten Sie die Fernsehprogramme öfter einmal um und probieren Sie die vielen Hörfunkprogramme aus. Gehen Sie aus dem Haus, wechseln Sie die Spazierwege und Ziele, damit Sie auch neue Leute sehen, vielleicht kennenlernen.

Sie werden neue Reize entdecken, neue Beschäftigungen, und manchmal ist die Neuigkeit selbst schon ein Erlebnis. Vielleicht entwickeln Sie sich sogar zu einem begeisterten »Forschungsreisenden«.

Spiel, Sport, Lektüre

Viele alte Leute fangen an zu spielen und zu wetten, weil das immer ein bißchen Aufregung mit sich bringt. Das Mittwochslotto und das Fußballtoto, eine Rennwette oder die Klassenlotterie – diese Dinge machen vielen Leuten Spaß. Spiele mit Geldeinsatz waren von jeher charakteristisch für die »Muße-Klasse«, zu der Sie ja jetzt in einem gewissen Sinn auch gehören.

Spielen und Wetten steigern den Spaß am Alltag freilich nur, wenn man im Rahmen seiner Mittel bleibt und nur Einsätze riskiert, deren Verlust sich verschmerzen läßt. Sehen Sie sich genau die Gewinnchancen an. Bei der staatlichen Lotterie sieht es damit schlecht aus. Sie zahlt nur einen lächerlichen Teil der Summen aus, die sie einnimmt. Beim Roulette nimmt die Bank nur einen kleinen Anteil des Umsatzes für sich in Anspruch, und die Bank nimmt überhaupt nichts, wenn Sie mit Freunden Karten spielen oder ein gemeinsames privates »Fußballtoto« organisieren.

Die meisten Leute spielen nicht um Geld, weil sie dabei viel gewinnen. Auf lange Sicht gesehen, verlieren sie beinahe immer. (Wenn die Gewinne an die Besseren gingen, würde sich niemand die Mühe machen, Spielsalons, Kasinos, Zahlenlotto, Pferderennen oder staatliche Lotterien einzurichten.) Trotzdem spielen viele Leute um Geld und genießen den Kitzel, weil die Resultate völlig unvorhersehbar sind. Die gleiche Unberechenbarkeit machte die Skatrunden und die Fußballspiele von damals mit den Jugendfreunden ja auch so spannend.

Es gibt natürlich auch risikolose Möglichkeiten, den Reiz des Unvorhersehbaren zu genießen. Fußball, Skisport, Basketball oder Hockey, Golf, Tennis und andere Sportarten fesseln auch das Fernsehpublikum in einem Ausmaß, das viele Leute verblüfft und seinen Grund gerade darin hat, daß sich der Ausgang nie voraussagen läßt. Und manche Sportarten werden noch aufregender, wenn Sie mit einem kleinen Wetteinsatz dabei sind.

Wenn Sie niemals Sportsendungen im Fernsehen verfolgt haben, schütteln Sie vielleicht den Kopf über die hingerissenen Zuschauer – und vielleicht empfinden Sie ein bißchen Verachtung für die Leute, für die es so ungeheuer wichtig ist, ob der Ball aus dem Spielfeld rollt, ins Tor geht, durch einen Korb oder in ein Loch fällt. Aber könnte man sie um diesen Eifer nicht auch beneiden? Oder sich ihnen anschließen? Meist antworten wir auf eine solche Frage: »Ich glaube nicht, daß das mein Fall wäre.« Aber was Sie als Laie beim erstenmal auf dem Bildschirm sehen, ist etwas ganz anderes als das, was die Fans sehen. Die kennen das Spiel mit seinen Regeln und die Bedeutung jedes einzelnen Spielzugs. So wird es auch Ihnen gehen, wenn Sie ein paar Stunden einem guten Sportreporter zuhören und allmählich kapieren, was sich dabei eigentlich abspielt. Sie fangen an, den Spaß und die Begeisterung zu verstehen, und auf einmal schlägt auch Sie die Aufregung, die Spannung um den Spielausgang in ihren Bann – genauso wie die erfahrenen Fans.

Vielleicht blicken Sie auch ein wenig auf Leute herab, die sich regelmäßig zu Fernsehserien wie *Denver* oder *Dallas* an den Apparat setzen. Wenn Sie das noch nie getan haben, wird Ihnen eine Kostprobe nicht viel bedeuten. Aber denken Sie wieder daran: Sie sehen nur einen Ausschnitt und kennen die Zusammenhänge und Charaktere nicht, die die gespannten Anhänger solcher Serien natürlich vor Augen haben. Erst wenn Sie mehrere Folgen angeschaut haben, wissen Sie, worum es geht, und können die Überraschungen genießen. Auch die großen Romane von Dickens oder Thackeray, die Unterhaltungsromane von Simmel oder Konsalik wurden zuerst in Fortsetzungen veröffentlicht, und wenn Sie nur eine einzige Episode aus der Mitte von *David Copperfield* probeweise gelesen hätten, würden Sie den Reiz dieser Lektüre vermutlich nie entdeckt haben.

Der Unterschied zwischen billiger und guter Literatur liegt unter anderem in der unterschiedlichen Verteilung und Ausführung der Spannungselemente. Ein Comic strip gibt am Ende jeder vier Kästchen einen Lacher her. In einer Schnulze oder einem Thriller ereignet sich fast auf jeder Seite irgend etwas leidlich Interessantes. Wenn Sie ein Freund guter Literatur sind, dann lesen Sie längere

Passagen nicht, weil sie in sich so spannend sind, sondern weil sie bewegender Bestandteil eines viel umfassenderen Geschehens sind.

Ob Ihnen ein Comic strip oder ein Unterhaltungsroman gefällt, das merken Sie schon nach einigen Seiten. Aber nehmen Sie sich auch die Zeit, Freude an guter Literatur, an Malerei und Musik zu entwickeln. Das dauert zwar länger – aber Sie werden aus guten Gründen als gut bezeichnet.

Mit Leuten gut zurechtkommen

»Die gefährlichste Schwäche alter Menschen, die einmal liebenswert waren«, sagte La Rochefoucauld, »besteht darin zu vergessen, daß sie es nicht mehr sind.« Das führt uns wieder zum klassischen Problem des Alterns: Wir verhalten uns so, wie wir es gelernt haben, als wir jünger und erfolgreicher waren. Genauso wie unser Seh- und Hörvermögen, die Beweglichkeit unseres Körpers oder die rasche Klarheit unseres Verstandes nachgelassen oder sich zumindest verändert haben, so kann sich auch unsere Kontaktfähigkeit und die Beziehung zu anderen Menschen verschlechtert haben. Diese Veränderung ist um so gefährlicher, wie La Rochefoucauld betont, als wir es wahrscheinlich weniger leicht als früher bemerken.

Wir müssen jedoch die Frage stellen, ob die Veränderung in erster Linie in uns selbst liegt oder an der Umgebung, in der wir leben. Nehmen wir an, daß Sie früher ein glänzender Unterhalter waren, aber heute Ihre Einfälle nicht mehr so sprudeln. Das kann zum Teil an den Leuten liegen, mit denen Sie sich unterhalten, weil die Ihre Meinung vielleicht nicht mehr interessiert. Wahrscheinlich aber interessieren auch Sie sich selbst weniger für die Dinge als früher, weil Ihre Welt kleiner geworden ist. Außerdem vergessen Sie rascher. Sie lesen am Morgen etwas in der Zeitung, was einen bestimmten Freund interessieren dürfte; aber Sie vergessen dann, davon zu erzählen. In einem solchen Fall ist es nicht ganz einfach, dem Gedächtnis mit einem Memorandum aufzuhelfen, denn Sie können ja nicht gut ein Notizbuch voller Eintragungen mit sich herumschleppen, die sie bei passender Gelegenheit Ihren Freunden mitteilen wollen. Anders ist es, wenn Sie mit ihnen korrespondieren: dann haben Sie jetzt einen willkommenen Anlaß für einen Brief!

Wie man sich zu einem angenehmen Begleiter macht

Eine Veränderung Ihrer Lebensgewohnheiten kann zeigen, wie liebenswert Sie noch sind. Vielleicht gehört es zu den Ärgernissen Ihres Alters, daß Sie das Autofahren aufgeben mußten. Wenn Sie Glück haben, fahren andere Sie, falls Sie irgendwohin wollen. Diese Freundlichkeit wird bald ein Ende haben, wenn Sie sich nicht als angenehmer Mitfahrer erweisen. Alle klagen zwar über die weisen Ratschläge wohlmeinender Beifahrer, aber kaum einer kann sie sich verkneifen. Sie glauben vielleicht, es sei ja nur hilfreich, wenn Sie darauf hinweisen, daß der Verkehr in einer anderen Spur rascher fließt, daß die Ampel vor zwei Sekunden auf Grün geschaltet hat, daß eine andere Strecke vermutlich kürzer wäre. Aber Ihr Fahrer wird Ihnen in der Regel kaum dafür danken. Wahrscheinlich finden Sie wenig Gefallen an dem Vorschlag, sich einen Streifen Leukoplast über die Lippen zu kleben – aber bilden Sie es sich wenigstens ein. Zählen Sie einmal, wie oft Sie auf einer bestimmten Strecke Kommentare abgeben wollten – und beglückwünschen Sie sich, wenn die Zahl allmählich sinkt. Versuchen Sie, sich vorzustellen, Sie säßen in einem Bus: der fährt auch, wie es dem Fahrer paßt.

Mit Sicherheit fällt es Ihnen viel schwerer, gar nichts zu sagen. Ratschläge vom Rücksitz sind schlecht für den Fahrer, den Mund zu halten ist schlimm für Sie. Sie sehen, wie ein anderer Wagen sich der Kreuzung nähert, und stemmen beide Füße gegen den Boden. Das Grünlicht wird wahrscheinlich auf Rot springen, bevor Ihr Wagen es erreicht, und Sie treten entweder auf ein imaginäres Gaspedal oder zittern stumm: Wenn er nur Gas gäbe! Die physiologische Wirkung macht sich als Gefühl von Streß oder innerer Spannung bemerkbar. Dieser Streß ist real – und gefährlich. Wir haben hier ein klassisches Beispiel für die Umstellungsprobleme des Alterns: Als Sie selbst noch Auto fuhren, hielten Sie aus guten Gründen den Blick fest auf die Straße gerichtet; aber was früher unbedingt erforderlich war, ist nun fehl am Platz. Jetzt gibt es für Sie ebenso gewichtige Gründe, die Blicke *nicht* mehr ständig auf die Straße zu richten.

Und das ist genau der Weg, den Konflikt zwischen der Last des Ratgebers und dem Frust des

Schweigens zu lösen: *Achten Sie nicht mehr auf die Straße und den Verkehr!* Schauen Sie zum Fenster hinaus, nach rechts und links. Freuen Sie sich an den Knospen des Frühlings und dem Wandel der Jahreszeiten, betrachten Sie die reifen Felder und bunten Wälder und die ziehenden Wolken. Sehen Sie sich die schönen Fassaden der Häuser und die Kleider der Leute an, beobachten Sie die Vorgänge rings umher. Sie werden feststellen, wieviel Neues Sie an altvertrauten Stätten entdecken. Wenn Sie die vorüberziehenden Eindrücke langweilen, dann schauen Sie eben weg und denken an etwas anderes. Es wird wohl eine Zeitlang dauern, bis Sie nicht mehr starren Auges auf die Straße fixiert sind; aber dann werden Sie überrascht feststellen, wieviel Spaß Ihnen das Umherschauen macht, und wieviel besser Sie und Ihr freundlicher Chauffeur sich fühlen, wenn die Fahrt zu Ende ist.

Gutgemeinte Ratschläge vom Rücksitz sind nur ein Beispiel für eine Verhaltensweise, die man besonders alten Menschen zum Vorwurf macht. Während Sie sich allmählich von der Rolle des Aktiven zurückziehen, geraten Sie leicht in die Versuchung, andere mit Vorschriften einzudecken, was sie tun und wie sie es tun sollen. Unverlangter Rat ist selten hilfreich, und der ungebetene Berater kaum beliebt.

Peinliche Situationen vermeiden

Der Umgang mit anderen Menschen leidet, wenn Sie schlecht hören oder sehen. Auf einer belebten Straße erkennen Sie Bekannte nicht, die Sie gern grüßen wollten, und da es verzeihlicher ist, jemanden nicht zu sehen, als ihn zu übersehen, vermeiden Sie es überhaupt, den Leuten ins Gesicht zu blicken. Wenn Sie statt dessen alle Leute grüßen, die Ihnen irgendwie bekannt vorkommen, laufen Sie Gefahr, für einen Politiker auf Wählerfang oder noch Schlimmeres gehalten zu werden. Wenn Sie wirklich einem Bekannten begegnen: Übersehen Sie nicht seine ausgestreckte Hand. Wenn Sie im Dämmerlicht in einer Gesprächsrunde sitzen, entgeht Ihnen leicht, wer gerade redet, und das wird besonders peinlich, wenn in einem unaufmerksamen Augenblick Sie der Angesprochene sind. Wenn Sie solche Fauxpas vermeiden wollen, müssen Sie jede Unterhaltung sehr genau verfolgen.

Wenn Ihnen manche Unternehmungen mit anderen Leuten nicht länger Freude bereiten, müssen Sie damit aufhören oder andere Voraussetzungen schaffen. Nehmen wir an, Sie gehen mit Freunden in ein dunkles, lautes Restaurant. Früher waren Sie dort gern und liebten diese Geselligkeit. Aber jetzt haben Sie große Mühe, die Speisekarte zu lesen; Sie verstehen kaum ein Wort von dem, was Ihr Gegenüber sagt; und wenn Ihr Teller weggenommen wird, merken Sie, daß Sie das Tischtuch beklekkert haben. Wäre dies Ihr erster Besuch in diesem Restaurant, Sie gingen nie wieder hin. Es gibt nur eine Lösung: Lassen Sie sich nicht länger von der Erinnerung an Dinge leiten, die Ihnen früher Spaß machten. Erhalten Sie eine Einladung, dann überlegen Sie genau die Umstände, Begleiterscheinungen und Folgen. Beschränken Sie sich auf die Unternehmen und Vorhaben, die Ihren heutigen Fähigkeiten und Möglichkeiten entsprechen. Sie müssen wohl auch einmal standfest bleiben gegenüber Freunden, die es gut mit Ihnen meinen, aber leicht vergessen, daß es nicht mehr die gleichen Dinge sind, die ihnen und *Ihnen* Freude machen.

Freundschaften bewahren

Wenn Sie sich seltener mit Freunden treffen, weil ihre Zahl kleiner oder es zu mühselig geworden ist, so lohnte es den Versuch, den Kontakt zu alten wieder aufzunehmen. Sie haben sicher Freunde, von denen Sie Jahr und Tag nichts gesehen und gehört haben, und die sich über ein Lebenszeichen freuten.

Sie können ihnen schreiben wie in den alten Tagen, falls Sie das Schreiben nicht zu sehr anstrengt; Sie können sie anrufen, wenn Ihnen das nicht zu teuer oder zu befremdlich ist. Mit einem kleinen Aufnahmegerät werden auch lange Gespräche billig und bequem. Kassetten lassen sich wie Briefe verschicken, und wenn Ihnen das Einlegen und Herausnehmen der Kassetten nicht zu mühsam ist, können Sie die Mitteilung Ihres Freundes unterbrechen und Bemerkungen dazu auf eine andere Kassette sprechen, die Sie ihm als Antwort schicken. (Mit zwei Geräten können Sie eine angenehme Unterhaltung führen – nach Belieben zuhören und antworten, ohne unterbrochen zu werden!)

Leute, die einander nicht zur Gesellschaft

gewählt haben, in einem Haus oder Heim, aber zusammen leben müssen, haben manchmal Schwierigkeiten, miteinander auszukommen. Beim Übergang in den Ruhestand kann ein solches Problem sogar für ein Ehepaar entstehen, weil sie nun viel mehr Zeit miteinander verbringen als zuvor. Die Ehefrau hat oft das Gefühl, daß da jemand in ihr Heim eindringt, der in ihrer Ordnung nichts verloren hat. Aber es ist bequemer und besser, mit einem anderen Menschen zusammenzuleben als allein, und dann ist es jeder Mühe wert, ein gutes Auskommen miteinander zu suchen. Wenn Sie jetzt allein sind, verlangt diese Gemeinschaft schon ein bißchen Mut; aber auch ein neuer Anfang wird sich lohnen, vor allem wenn Sie bestimmte Grundregeln des Miteinander respektieren. Die Wertmaßstäbe haben sich gewandelt, und es ist heute nichts mehr dabei, wenn zwei ältere Menschen auch ohne geistlichen Segen zusammenleben. Die Sorge, Rentenansprüche und Pensionsleistungen zu verlieren, ist einer der Gründe, warum sie auf eine Heirat verzichten. Es ist durchaus nichts Anstößiges daran, heute für Freunde anzuzeigen: »Witwer, Ende Sechzig, interessiert an Zen-Buddhismus, Béla Bartók und Friedensbewegung sucht flotte Briefpartnerin mit ähnlichen Interessen. Zusammenleben angestrebt.«

Mit jungen Menschen zurechtkommen

Jonathan Swift beschloß, er werde im Alter »keinen Umgang mit jungen Menschen pflegen, es sei denn, es liegt ihnen wirklich daran«. Das ist ein guter Ratschlag, und wieder einmal taucht unser Grundproblem auf: Wir tun das, was wir in jüngeren Jahren gelernt haben. Auch die Welt war damals jünger. Es sind nicht mehr die letzten Ereignisse und jüngsten Probleme, über die wir uns heute unterhalten. Unsere Witze sind nicht mehr ganz taufrisch. Unsere Sprache war einmal *in*, jetzt ist sie *out*. Wenn wir nicht sehr viel Zeit mit jungen Menschen verbringen, können wir ihren Lebensstil kaum überzeugend nachvollziehen. Es ist besser, wenn wir uns mit unserem Geburtsdatum abfinden und uns altersgemäß verhalten. Dann werden wir bei jung und alt weniger Fehler machen.

Swift nahm sich auch vor, »nicht allzu streng mit jungen Menschen zu sein, sondern Nachsicht für ihre jugendlichen Narrheiten und Schwächen zu zeigen«. Es ist sonderbar, daß jede Generation glaubt, die nächste werde »auf den Hund kommen«. Dabei ist offensichtlich, daß das nicht wahr sein kann, denn die Welt hat nun doch schon eine ganze Menge Generationen überlebt. Mit solch nostalgischer Besserwisserei werden Sie bei jungen Menschen vermutlich nicht landen, wenig bewirken und sich kaum beliebt machen.

Es ist unvermeidlich, daß im Umgang mit jungen Menschen Grenzen gesetzt sind. Ob Sie nun mit Ihnen Golf spielen, ein Tennis-Match bestreiten oder auch nur spazierengehen: Die jungen Leute werden sich zurückhalten, und beide Seite haben keinen vollen Genuß davon. In anderen Bereichen mögen die Einschränkungen nicht so offenkundig sein, aber es ist ganz gut, wenn Sie sich gelegentlich Shakespeares Warnung aus *Ende gut, alles gut* erinnern:

> »... ich mag nicht leben...
> wenn's meiner Flamm' an Öl gebricht,
> als Schnuppe der jungen Welt...«

Ein Freund, den wir lange nicht gesehen haben, scheint uns in der Regel stärker verändert als die Leute, denen wir täglich begegnen. Wir selbst gehören zu den Menschen, die wir jeden Tag sehen, und zu unserem Glück nehmen wir oft nicht wahr, wie sehr wir uns verändert haben. Kleine Entstellungen – einzelne Haare im Gesicht, winzige Warzen und Leberflecke – wachsen so langsam heran, daß wir kaum von ihnen Notiz nehmen. Andere aber und besonders junge Menschen bemerken sie sehr wohl, und wir erleichtern ihnen den Umgang mit uns, wenn wir sie ein wenig kaschieren. Es sind Zeichen des Alters, aber nicht von der Art, die wir stolz hervorkehren sollten. Damit wir solche Dinge bemerken, hilft es vielleicht, sich gelegentlich in ungünstigem Licht fotografieren zu lassen. Verglichen mit dem Alltagsgesicht im Spiegel erkennen wir in so einem kritischen Foto dann vielleicht auch einen alten Freund, den wir seit langen Jahren nicht gesehen haben.

Mit Kindern zurechtkommen

Ihre eigenen Kinder werden Ihnen oft sehr harte Fragen stellen, wenn Sie mit ihnen zusammen oder in ihrer Nähe wohnen. Der Wandel der wirtschaftlichen Verhältnisse hat zum Verschwinden der Großfamilie beigetragen, die oft auch Großeltern, ein paar Onkel und Tanten einschloß. Wenn Sie diese Trennung nicht vollzogen haben und noch mit Ihren Kindern zusammenleben, entstehen sehr leicht Probleme. Mit dem Ehepartner, mit Vater, Mutter, Kind oder Geschwistern spricht man nur selten in der gleichen Art und im gleichen Ton wie mit Bekannten oder Freunden. Wenn Sie mit Ihren Kindern leben: bemühen Sie sich, sie als Freunde zu verstehen und ebenso rücksichtsvoll zu behandeln.

Jonathan Swift muß wohl recht gespannte Verhältnisse zwischen jung und alt vor augen gehabt haben, als er für sich selbst entschied, er sei nicht erpicht auf die Gesellschaft von jungen Menschen und werde sie kaum in seine Nähe lassen. Unsere Kinder sagen heute frei heraus, wie ihnen zumute ist, und Sie werden bald genug erkennen, ob Ihr Verhalten ihnen oder ihren Eltern gefällt. Aber wenn Kinder Ihre Gesellschaft lieben, so sind Sie der empfangende Teil, und sich um sie zu kümmern ist ebenso eine Aufgabe für Großeltern wie eine schöne Beschäftigung für alte Leute, die ihre Zeit sinnvoll füllen wollen und als Babysitter junge Freunde gewinnen können.

Wenn Sie sich schon sehr lange nicht mehr mit Kindern beschäftigt haben, erwarten Sie nicht von ihnen, daß sie Sie einfach so mögen, wie Sie sind. Kinder haben ein waches Gespür, gute Augen und scharfe Ohren, und alte Menschen unterscheiden sich für sie sehr deutlich von den jüngeren, mit denen sie sonst Umgang haben. Sie werden Zeit brauchen, sich mit Ihnen anzufreunden, und Sie werden ihnen dabei vielleicht helfen müssen. Es gibt gute Fernsehsendungen, Bücher und Zeitschriften, die Ihnen dazu Tips und Ratschläge bieten. Ein kleines Repertoire aus Bindfadenfiguren, ein paar Tricks zum Papierfalten und gelegentliche Zauberkunststückchen steigern Ihr Ansehen mächtig. Späße, Verse und Rätsel beleben eine Unterhaltung mit Kindern. Rate- und Kartenspiele bringen Abwechslung. Und gute Geschichten kann man kleinen Kindern gar nicht oft genug erzählen. Wenn Sie Talent dazu haben, dann versuchen Sie es auch mit Lernspielen, bringen Sie den Kindern kleine Gedichte und Lieder bei. Vor allem aber: Bewahren Sie Ihr Ansehen! Wenn Kinder sich miteinander unterhalten: Halten Sie sich heraus. Die Welt verändert sich. Machen Sie sich auf Überraschungen gefaßt, wenn Sie sehen, was Kinder heutzutage für Sachen treiben.

Gefühlen auf den Grund gehen

Besseren Kontakt mit der Welt halten, Vergeßlichkeit überwinden und klarer denken, interessantere Beschäftigungen erdenken und die Zeit gestalten, in einer behaglicheren Umgebung leben, mehr Spaß am Umgang mit Freunden und Bekannten gewinnen – das alles sind Dinge, die Sie *tun*. Wie steht es mit den Dingen, die Sie *empfinden*? Man hat zwar behauptet, alte Menschen hätten keine intensiven Gefühle, und dennoch das Alter immer wieder mit Stimmungen wie Groll und Neid, Angst und Depressivität in Verbindung gesetzt – lauter Empfindungen, auf die wir gern verzichten. Doch wie steht es denn mit Gefühlen, die uns etwas geben – Wohlgefühl? Gibt es irgendeinen Grund, warum alte Menschen davon ausgeschlossen sein sollten?

Wenn Sie Ihren Arzt aufsuchten und ihm erklärten, Sie fühlten sich nicht wohl, dann wären Sie wohl einigermaßen erstaunt, wenn er Sie mit der schlichten Empfehlung nach Hause schickte, Sie sollten sich gefälligst besser fühlen. Doch genau das ist die Art und Weise, in der viele Leute mit unseren Empfindungen umgehen. Wenn Sie Freunden sagen, Sie seien deprimiert, werden Sie wahrscheinlich die Antwort hören: »Kopf hoch!« Wenn Sie sich auf der Fahrt zum Flughafen wegen des schlechten Flugwetters Sorgen machen, sagen die guten Freunde: »Mach Dir nichts draus!« Vielleicht sind Sie dann wirklich erleichtert oder weniger besorgt, weil überhaupt jemand zu Ihnen sagt »Kopf hoch« und »Mach Dir nichts draus!« Aber es ist nicht gerade die Art von Ratschlägen, mit der man etwas anfangen kann. Es sind fromme Wünsche. Und keine, die viel nutzen, wenn sie nicht durch probate Handlungsanleitungen ergänzt werden.

Statt Sie einfach aufzufordern, Sie sollten sich besser fühlen, wird Ihr Arzt Ihnen raten, sich mehr körperliche Bewegung zu verschaffen, den Konsum an gesättigten Fettsäuren zu reduzieren, mit seinem Rezept in die Apotheke zu gehen und regelmäßig ein paar Tabletten zu nehmen. Wenn man diese Dinge tut, empfindet man wenig dabei, aber wenn Sie sie getan haben, werden Sie sich vermutlich besser fühlen. Es kommt nicht so sehr darauf an, *wie* Sie sich fühlen, sondern *was* Sie fühlen. Ihr Arzt hat Ihnen gesagt, was Sie für Ihren Körper und Ihre Gesundheit *tun* müssen, um sich auch besser zu *fühlen*. Etwas ähnliches gilt auch für Gefühle anderer Art. Als Sie unseren Buchtitel lasen »Lebensfreude kennt kein Alter«, da hatten Sie vielleicht gute Lust zu antworten: »Dann erzählen Sie mir mal, was das Alter erfreulich macht!« Genau wie der Arzt können auch wir uns nicht hinstellen und Ihnen sagen, Sie sollen sich gefälligst wohl fühlen. Wir müssen Ihnen sagen, wie Sie sich ändern und umstellen sollten, um sich wohler zu fühlen und Ihr Leben angenehmer zu empfinden.

Man könnte sagen, ein Arzt manipuliere ganz direkt Ihr Gefühlsleben, indem er Ihnen ein Mittel verschreibt, durch dessen Wirkung Sie sich selbst in Krankheitsphasen ganz gut fühlen. Wir schlucken jedes Jahr Millionen Tabletten, damit uns unser Leben erfreulicher vorkommt, obwohl seine Umstände erbärmlich sind. Aus dem gleichen Grund und gegen jeden ärztlichen Rat flüchten sich Menschen in Alkohol, Tranquilizer, Marihuana, Kokain und Heroin. Diesen Ausweg können Sie natürlich auch nehmen; aber besser ist es, etwas an Ihrer Situation zu ändern als am Zustand Ihrer Gefühle. Genau wie ein Aspirin Kopfschmerzen behebt, ohne daß damit deren Ursache verschwindet, so können Sie sich mit Hilfe von Drogen zwar in eine angenehmere Gemütslage versetzen: aber damit werden Sie die Ursache Ihrer Belastung nicht ausräumen.

Ein Beispiel dafür sind Depressionen. Unter Menschen über Fünfundsechzig ist dies eine der häufigsten psychischen Störungen. Wenn Sie wegen eines körperlichen Gebrechens an Depressionen leiden, so müssen Sie sich einer Behandlung dieser Krankheit unterziehen. Es kann ja aber auch sein, daß Sie einfach deswegen depressiv gestimmt sind, weil Sie so viele Dinge nicht mehr tun können, die Ihnen früher Freude bereiteten. Sie haben sich gern mit anderen Menschen unterhalten; aber jetzt ist niemand mehr da, mit dem Sie reden oder sich besprechen können. Vielleicht sind Sie früher gern aufs Land gefahren: aber jetzt kommen Sie nicht mehr aus der Stadt heraus. Ihre Aufgabe: Jemanden zu finden, mit dem Sie sich unterhalten können oder der Sie aufs Land mitnimmt. Das ist besser, als allein in der Stadt zu hocken und Valium zu schlucken.

In früheren Kapiteln sind Sie vielleicht auf einige der unerfreulichen Empfindungen gestoßen, die sich für Sie mit einer Reihe von Dingen verbinden, die Sie heute tun müssen oder nicht mehr tun können. Sie könnten sich manche Gefühle der Unlust oder des Widerwillens ersparen, indem Sie die Umstände der Unternehmungen einfach auf andere Weise angehen. Wenn Sie sich in Ihrer Umgebung eingesperrt oder verloren fühlen: Suchen Sie nach neuen Zugängen, nach anderen Kontakten, oder schaffen Sie sich eine neue Umgebung (Kapitel 3). Wenn Sie vergeßlich sind, und Ihre Gedanken nicht immer ganz klar geordnet sind, dann haben Sie manche peinlichen Momente durchzustehen (Kapitel 4 und 5), und mit der Dauer fühlen Sie sich ziemlich dumm, überflüssig, senil. Da hilft es nicht viel, wenn jemand Sie tröstet. Sie müssen Ihr Verhalten und Ihre Lebensweise so ändern und kontrollieren, daß Sie nicht mehr so leicht verletzlich sind. Wenn Sie keine anregende und befriedigende Beschäftigung haben (Kapitel 6 und 7), fühlen Sie sich lustlos und deprimiert. Aber Sie können sich nicht einfach vornehmen, sich aktiv und fröhlich zu fühlen: Sie müssen sich schon selbst daran machen, reizvolle Tätigkeiten zu entdecken. Wenn Sie nicht leicht Freunde finden (Kapitel 8), fühlen Sie sich schnell einsam und zurückgestoßen. Doch Sie können sich nicht einfach vornehmen, freundlicher zu sein. Sie müssen sich schon ein bißchen härter prüfen, an Ihren weniger liebenswerten Seiten feilen – oder Freunde finden, die Sie nehmen, wie Sie sind. In all diesen Beispielen verändern Sie Ihre Gefühle dadurch, daß Sie die Situation verändern, die sie auslösen. Sie müssen allen Bedingungen aktiv begegnen, die die Ursache Ihrer unguten Gefühle und belastenden Empfindungen sind.

Alten Menschen machen häufig auch Gefühle zu schaffen, die nicht so offenkundig mit den Umständen verknüpft sind, die wir bisher geschildert haben.

Ärger und Zorn

Eine bestimmte Art von Zorn überkommt uns, wenn uns etwas mißlingt. Wir sind zornig über die Nadel, in die sich der Faden nicht einfädeln läßt, oder auf den Wasserhahn, der weiter tropft, wie fest man ihn auch zudreht. Der Zorn ist sinnlos, er bringt den Faden nicht durchs Öhr und stellt das Tropfen nicht ab. Es ist klüger, wenn man eine größere Nadel nimmt und eine neue Dichtung in den Wasserhahn schraubt. Diese Ratschläge liegen lächerlich nahe, doch der Grundgedanke ist uns keineswegs so klar: Schlagen Sie sich nicht mit Ärger herum. Vertreiben Sie ihn, indem Sie die Ursache beseitigen. Wenn Sie auf Ihren Hausbesitzer permanent wütend sind, bemühen Sie sich nicht, nett zu sein. Klären Sie die Sache oder ziehen Sie aus. Ein Tranquilizer beruhigt zwar, hält Sie aber ab, das eigentliche Problem anzupacken. Wenn Sie öfter in Zorn geraten als früher, dann sind ja vielleicht wirklich Ihre Probleme schwerer zu lösen als einst. Sie werden ihnen leichter beikommen, wenn Sie nach ihrer Ursache forschen: Die liegt nicht im zornigen Temperament oder der Quengelei alter Menschen, sondern vielmehr in den Umständen und Umgebungen, in denen sie leben.

Alte Menschen sind manchmal neidisch oder voreingenommen gegenüber jungen Leuten, weil diese ihr Leben auf manche Weise genießen, die zu ihrer Jugendzeit gar nicht möglich war. Es ist ein bißchen spät für alte Menschen, die neuen Privilegien der Jugend genießen zu wollen. Es ist gescheiter, sich auf die Suche nach den Vorrechten des Alters zu machen und sie nach Kräften zu nutzen. Es kann dann sein, daß die Jungen die Alten beneiden – und das dürfen Sie getrost genießen.

Sexuelle Empfindungen

Die sexuellen Aktivitäten, die so ausführlich in Romanen beschrieben und in Filmen dargestellt werden, spielen sich fast ausschließlich unter jungen Menschen ab. Eine leidenschaftliche Liebesszene zwischen zwei Menschen fortgeschrittenen Alters würde wahrscheinlich als unvorstellbar oder peinlich abgetan. Sie würde das Publikum kaum von den Stühlen reißen, weil es einfach nicht glauben mag, daß alte Menschen noch Spaß an Sex haben. Die goldenen Jahre haben auf eine andere Art golden zu sein.

Vielleicht ist es biologisch folgerichtig, daß

sexuelle Aktivitäten im Alter nachlassen. Es gibt keine Gründe, aus denen Frauen noch sexuelle Neigungen haben sollten, wenn Sie keine Kinder mehr gebären können, und Männer haben als Zeugungspartner immer Überschüsse produziert. Dennoch können wir die Gültigkeit des Vorurteils nicht akzeptieren, das Hamlet bei der Heirat seiner Mutter mit seinem Onkel formuliert:

> »Nennt es nicht Liebe,
> denn in eurem Alter
> ist der Tumult im Blute zahm...
> es schleicht und wartet auf das Urteil.«

Sex ist nicht immer eine Sache, die alte Menschen dem Urteil anderer überlassen müssen, die »mehr davon verstehen«.

Vielleicht sind ein paar weitere Überlegungen nützlich. Der Theologe Paul Tillich argumentierte einmal, Pornographie ließe sich damit rechtfertigen, daß sie die Sexualität ins Alter verlängere. In der Tat: Wenn unser Leben nicht mehr sehr aufregend ist, lesen wir aufregende Bücher, sehen uns aufregende Filme und Theaterstücke an. Und wenn unser Leben nicht mehr viel Amüsantes bietet, lesen wir komische Bücher und sehen uns komische Filme und Theaterstücke an. Sollten wir, wenn das Erotische weitgehend aus unserem Leben verschwunden ist, nicht erotische Bücher lesen und erotisch anregende Filme und Theaterstücke ansehen? Wir identifizieren uns nicht nur mit Menschen, über die wir lesen, die wir auf der Leinwand oder der Bühne sehen; wir reagieren auf ganz persönliche Weise auch auf die

Dinge, auf die sie reagieren. Wir sind erregt, weil andere Menschen erregt sind, und durch das, was sie erregt. Wir lachen mit ihnen und über die Dinge, über die sie lachen, und wir können ihre sexuelle Erregung teilen und durch die Dinge, die sie sexuell erregen, gleichfalls erregt werden. Natürlich werden wir nicht alle durch die gleichen Dinge angeregt, amüsiert oder erregt. Und wenn wir das Interesse am Sex wirklich verloren haben, haben wir doch auch einen Vorteil gewonnen: Die großen Leidenschaften treiben uns weniger, und wir geraten nicht mehr so leicht in Schwierigkeiten.

Alten Menschen gelingt es offensichtlich leichter als jungen, ihre emotionalen Bindungen weiter zu bewahren. Wenn ein junges Paar sich scheiden läßt, wundert das kaum jemanden. Aber wenn alte Menschen die Scheidung einreichen, so berichten darüber selbst noch Lokalblätter mit einem bewundernden Hinweis, wie lange die Ehe gehalten habe.

Es ist eine zusätzliche Belastung für ältere Menschen, daß zärtliche Beziehungen zu jüngeren Menschen immer ein wenig scheel angesehen werden. Was ist eigentlich verkehrt an solchen Verhältnissen zwischen Menschen verschiedenen Alters, wenn ihre Liebe gegenseitig ist? Jedermann hält die Liebe von Eltern für ihre Kinder und der Jungen zu den Alten für höchst löblich – aber sexuelle Liebe darf nicht sein. Natürlich, bei engen Beziehungen zwischen Menschen mit großen Altersunterschieden spielen oft auch andere, nicht selten finanzielle Ursachen eine Rolle – aber solche Gründe darf man nicht verallgemeinern.

Angst

Alte Menschen ängstigen sich vor vielen Dingen. Verständlicherweise sind das zuerst einmal Krankheiten. Jemand hat einmal gesagt: Wenn man befürchten muß, daß man verhaftet wird, erschreckt einen jedes Klopfen an der Tür. Eine Krankheit ist wie das Klopfen an der Tür. Selbst belanglose Anzeichen jagen einem Angst ein. Wenn man einen vertrauten Namen vergißt, sieht man darin schon ein Zeichen beginnender Senilität. (Tatsächlich leiden nur zwei bis sechs Prozent der Menschen über Fünfundsechzig an Altersschwachsinn.) Die Ängste sind besonders gefährlich, wenn man sie verdrängt und sich fürchtet, ihren Ursachen auf den Grund zu gehen. Angst vor Krankheiten können Sie nur durch die Diagnose eines Arztes ausräumen, und wenn er etwas findet, dann lassen Sie sich behandeln und folgen Sie seinen Ratschlägen. Bei finanziellen Sorgen ist das nicht anders. Wenn Sie merken, daß Ihr Lebensstil zu kostspielig ist, dann müssen Sie Ihre Lebensweise eben ändern und billiger leben. Das ist immer noch besser, als weiterzumachen wie bisher und dabei Angst vor der Zukunft zu haben.

Unsicherheit

Wenn Sie schwerhörig sind, bilden Sie sich leicht ein, daß andere Leute über Sie sprechen. Wenn Sie nicht mehr gut sehen, kommt Ihnen leicht der Verdacht, daß andere über einen Fehler lachen, den Sie begangen haben. Das Alltagsleben kann Sie in manche Verlegenheit bringen. Die Rechnung im Restaurant scheint zu viele Posten zu haben, aber sie ist schwer zu lesen, und es fiele auf, wenn Sie jetzt eine umständliche Überprüfung vornähmen. An der Ladenkasse könnte man Ihre Schwäche ausnützen, wenn Sie aus Versehen zu viel bezahlen: Haben Sie nun einen Zehn- oder Zwanzig-Mark-Schein hingelegt? Bisher ist noch kein Mittel gegen dieses Gefühl von Unsicherheit und Mißtrauen gefunden worden – und außerdem wären Sie mißtrauisch, ob Sie es einnehmen sollten, denn dann könnten Sie ja noch viel gefährlicher von allen möglichen Leuten ausgenutzt werden.

Es gibt nur eine Lösung: Sie müssen in Ihrem eigenen Interesse klare Verhältnisse schaffen. Bestehen Sie darauf, selbst das Maß und Tempo Ihres Handelns zu bestimmen. Sie haben ganz recht, den Schnellrednern zu mißtrauen. Vertrauen Sie Ihrem Gedächtnis. Wenn Sie die Zahl der Gelegenheiten reduzieren, durch die Ihr Gegenüber einen Vorteil gewinnt, wird Sie auch Ihr Mißtrauen weniger plagen. Und je mehr Selbstvertrauen Sie zeigen, desto weniger Anlässe wird es für andere geben, hinter Ihrem Rücken zu tuscheln.

Hilflosigkeit

Es kann demütigend sein, wenn man seine körperlichen Funktionen nicht mehr beherrscht, und dann sollte man dagegen jede denkbare Vorsorge treffen.

Es kann peinlich sein, wenn Sie sich dauernd an Maßstäben messen, denen Sie früher folgten, denn sie sind Ihnen heute eben nicht mehr »angemessen«. Man hat Ihnen einmal beigebracht, Ihre Zeit nicht zu vertrödeln; heute müssen andere Leute auf Sie warten, weil Sie langsamer geworden sind. Man hat Ihnen beigebracht, nicht unhöflich oder arrogant zu sein; heute passiert es Ihnen, daß Sie überhören, wenn Sie jemand anspricht, oder Sie übersehen eine ausgestreckte Hand. Man hat Ihnen beigebracht, immer Ihren Anteil zu leisten; heute können Sie nicht mehr soviel beitragen wie andere, aber die Erwartungen und Ansprüche von einst gelten für Sie nicht mehr, und es gibt keinen Grund, warum Sie sich Vorwürfe machen sollten. Zeigen Sie ruhig Ihre Unvollkommenheit, wenn es sich nicht vermeiden läßt; aber akzeptieren Sie selbst diese Unzulänglichkeiten, betrachten Sie sie als einen Grad von Hilflosigkeit, den jeder tolerieren sollte.

Einige Fragen sind nicht immer leicht zu beantworten. Wann sollte ein älterer Mensch dankbar den Platz im Bus annehmen oder das freundliche Angebot, seine Pakete zu tragen, ihn am Arm über die Straße zu geleiten? Wie sollen Sie reagieren, wenn Ihnen jemand Auskünfte oder Anweisungen in der herablassenden Art und Weise erteilt, die vielleicht bei einem zehnjährigen Kind am Platz wären? Sie erleben das gleiche bei den betulich übertriebenen Ermunterungen wohlmeinender Freunde, die sich anhören wie Kindergartensprüche: »Das hast du aber brav gemacht!« Natürlich sagen Sie nicht »Beinahe wie ein Großer!«, sondern »Dein Alter merkt man Dir wirklich nicht an«. In solchen Fällen kann man nicht viel machen. Vielleicht ist ein bißchen wahre Demut die richtige Antwort auf Demütigungen.

In allen diesen Beispielen sind unsere Empfindungen und Reaktionen nur ein Nebenprodukt dessen, was wir tun, und der Umstände, unter denen wir es tun. Es hat dann wenig Sinn, wenn Sie versuchen, mit aller Macht Ihre Gefühle des Ärgers und der Unlust, der Angst und Unsicherheit, des Mißtrauens und der Hilflosigkeit zu bekämpfen, sie zu verdrängen oder sich einzureden, Sie fühlten sich ja schon viel besser. Nein: Viel besser ist es, Sie verwenden Ihre Kraft darauf, die Umstände und Lebensbedingungen zu ändern, die diese unguten Gefühle auslösen und ihre Ursachen sind. Denn dann fühlen Sie sich wirklich gut und in Ihrer Lebensfreude bestätigt.

»Das Schicksal aller« – die Angst vor dem Tod

Manchmal versuchen die Leute, sich über die Fährnisse und Beschwernisse des späten Lebens mit dem flotten, doch fatalen Spruch hinwegzutrösten, es sei »immer noch besser als die Alternative«, der Tod. Shakespeare drückte es in *Maß für Maß* so aus:

> »Das schwerste, jammervollste ird'sche Leben,
> das Alter, Armut, Schmerz, Gefangenschaft
> dem Menschen auferlegt, ist gegen das,
> was uns im Tode droht, ein Paradies.«

Es ist jedoch sehr die Frage, ob die Angst vor dem Tod das Leben erfreulicher macht. Das Problem ist die Ungewißheit. Unser eigenes Sterben gehört nicht zu den Dingen, in denen uns Erfahrung helfen kann. Wir haben vielleicht andere Menschen sterben sehen, aber das ist eine andere Sache. Wir haben auch gehört oder gelesen, was andere Leute über den Tod zu sagen haben; aber ihre Informationen sind nicht besser als unsere.

Die Religionen haben sich auf vielfache Weise bemüht, diese Ungewißheit aufzulösen. In manchen, wie im Buddhismus, bedeutet der Tod die große

Erleuchtung. In anderen, wie im Judentum, ist er schlicht ein Ende, nach dem man allenfalls in ehrendem Angedenken weiterlebt. In wieder anderen, wie im Christentum, kommt dann die Stunde des Gerichts über den Gestorbenen, in der die Bösen bestraft und die Guten belohnt werden. Die Furcht vor dem Tod variiert nach den Glaubensvorstellungen. Es heißt, daß der Zen-Buddhismus den Samurai zu einem großen Krieger gemacht habe, weil ihn sein Glaube von jeder Todesfurcht befreite. Diese Freiheit gilt wohl auch für Christenmenschen, die an ein Leben nach dem Tode glauben. Doch die sich dessen nicht so sicher sind und an der Offenbarung zweifeln, müssen mit ihrer Furcht leben.

Wenn Ihre religiöse oder philosophische Überzeugung Ihnen eine Antwort gegeben hat, sind unsere weiteren Überlegungen ohne Belang. Doch weil die Angst vor dem Tod die Freude am Leben so sehr beeinträchtigen kann, müssen wir darüber sprechen.

Der biologische Aspekt des Sterbens ist einfach genug. Der menschliche Körper ist in hohem Maß zur Selbsterneuerung fähig und lebt bemerkenswert lange; doch in der gesamten Entwicklung der Gattung spielt er nur eine kurze Rolle. Um diese biologische Spezies fortzupflanzen und zu erhalten, brauchen die einzelnen nur am Leben zu bleiben, solange sie Nachwuchs bekommen und für ihn sorgen müssen. Nach dieser Spanne sind sie nutzlos – und schlimmer als das, wenn sie gar anderen die Nahrung und den Platz zu leben wegzunehmen fähig sind.

Eine andere Entwicklung trat ein, als die

menschliche Spezies ein Stadium erreichte, in dem die Lebensgüter untereinander geteilt und das Wissen von einem zum anderen weitergereicht wurden. Die nicht mehr reproduktionsfähig waren, die Älteren, konnten dann die reproduktionsfähigen Jüngeren unterstützen, sie beraten, unterrichten und ihnen Beistand leisten. Die Rolle des Individuums begann für die Entwicklung der Kultur viel wichtiger zu werden, als sie es für die Evolution der Gattung gewesen war. Doch diese Vorteile für die menschliche Kultur sind noch nicht lange genug spürbar, als daß sie schon jene Art genetischer Veränderung bewirkt hätten, die zu einer längeren Dauer des Lebens führte.

Der Körper verbraucht sich, und selbst das schönste Alter muß einmal an sein Ende gelangen. Ehe es soweit kommt, sollten Sie ein paar praktische Dinge erledigen. Ein korrekt aufgesetztes Testament verschafft Ihnen die beruhigende Gewißheit, daß Ihre Besitztümer den richtigen Leuten zukommen werden. Sie können die Lebensdauer einiger Teile Ihres Körpers verlängern, wenn Sie verfügen, daß Ihre gesunden Organe nach Ihrem Ableben anderen Menschen übertragen werden und deren Leben retten oder erleichtern.

Wenn diese Schritte getan sind, ist es vermutlich besser, sich keine weiteren Gedanken über den Tod zu machen. Wie Franklin Delano Roosevelt meinte: Wir haben vom Sterben nur zu befürchten, daß die Angst davor uns das Leben vergällt. Wenn der Mensch nach dem Tod wirklich für die Taten seines Lebens bestraft oder belohnt wird, Sie aber nicht sicher sind, welches Urteil Ihnen da zuteil werden wird – dann ist es vielleicht ganz gut, gelegentlich »des Todes zu gedenken« (memento mori) – selbst wenn das Ihre Freude am Leben ein wenig eintrübt. Wenn Sie aber eher den Worten Salomos zustimmen, es gebe nichts Besseres unter der Sonne, als zu essen, zu trinken und fröhlich zu sein, denken Sie vermutlich anders: Es genügt, sich wie Shakespeare in *Julius Caesar* die Frage nach dem Tod zu stellen, wenn es soweit ist:

> »... der Tod, das Schicksal aller,
> kommt, wann er kommen soll.«

Dazu kann man ein paar ganz praktische Ratschläge beherzigen. Was die Furcht heraufbeschwört, ist nicht der Tod selbst, sondern das Reden und Nachdenken über ihn, und das läßt sich umgehen. Wenn eine Unterhaltung sie langweilt, wechseln Sie das Thema. Wenn Sie einer Melodie überdrüssig werden, summen Sie eine andere. Der Übergang zu einem anderen Thema wird erleichtert, wenn das neue interessanter ist als das alte und die neue Melodie einschmeichelnder als die vorige. Auf die gleiche Weise können Sie Ihre Gedanken auch vor der Beschäftigung mit dem Tod ablenken. Unseligerweise hat gerade die neuerworbene Unabhängigkeit alte Menschen dazu geführt, daß sie meistens mit anderen alten Leuten zusammen sind. Als Großeltern noch bei ihren Kindern und Enkeln lebten, da hatten sie immer jüngere Menschen, jüngeres Leben um sich. Heute, in den Altensiedlungen in Florida oder abgelegenen Erholungsgebieten, in Senioren- oder

Pflegeheimen sehen Sie fast nur noch alte Menschen, und Gesundheit und Sterben sind Lieblingsthemen ihrer Unterhaltungen. Tun Sie alles, damit Sie wenigstens einen Teil Ihrer Zeit mit jüngeren Menschen verbringen, und nehmen Sie sich fest vor, im Gespräch mit alten das Thema des Sterbens zu vermeiden – es wird sich lohnen.

Wir grübeln über den Tod am meisten, wenn wir nichts anderes zu tun haben. Wir grübeln viel weniger, wenn wir ein spannendes Fernsehprogramm sehen oder mit etwas beschäftigt sind, das unser Interesse gefangennimmt. Alles, was wir zur lebhaften Gestaltung unserer alten Tage unternehmen, vermindert die Zeit, in der wir das Sterben fürchten. Je mehr Aufmerksamkeit wir dem Leben schenken, desto weniger denken wir über das Sterben nach. Deshalb haben wir auch dieses Kapitel sehr knapp gehalten.

Der Wille zum Sterben

Wenn Sie überhaupt keine Freude am Leben mehr haben, kann Ihnen auch dieses Buch nicht mehr helfen. Sie stehen vor einem Problem, das die westlichen Kulturen nie zu lösen vermocht haben. Kaum einer von uns möchte anderen zur Last fallen oder ein Leben in Schmerzen ertragen müssen; aber wenn wir selbst für uns nicht mehr sorgen können oder unsere Gesundheit verlieren, bleibt uns wenig anderes übrig. Wir können mit Walt Whitman einen Blick auf »die nahe, köstliche Freiheit des Todes« werfen, aber nur der *Blick* ist uns erlaubt. Schon viele Menschen hatten das ernste Verlangen zu sterben, um ihrer selbst oder anderer willen, aber die Gesellschaft hat das Sterben nicht einfach gemacht. Sie steht sogar ablehnend der Verwendung von Opiaten gegenüber, die nicht nur die Schmerzen hoffnungslos Kranker stillen können, sondern ihnen vielleicht auch den einzigen verbleibenden Ausweg bieten, sich ein wenig besser zu fühlen.

Die Gesellschaft wendet sich gegen den Freitod, häufig aus religiösen Gründen, obwohl doch viele angesehene und gelehrte Menschen im Alter diesen Weg gewählt haben. In den meisten Ländern ist es gesetzwidrig, Menschen zu helfen, die sich das Leben nehmen wollen, oder ihnen auch nur Wege zu zeigen, dies schmerzlos zu tun. In England brachte eine Gesellschaft, die sich mit den Fragen des Freitodes beschäftigte, einen Ratgeber zur Selbsthilfe *(Guide to Self-Deliverance)* heraus: Sie durfte ihn nur an Mitglieder von dreimonatiger Zugehörigkeit, über fünfundzwanzig Jahre und gegen deren Versicherung ausgeben, ihn nicht zu verleihen. In Frankreich und der Bundesrepublik löste ein ähnliches Buch *(Gebrauchsanweisung zum Selbstmord)* empörte Reaktionen aus. Wir gewähren einem alten Hund den Tod, der »human« genannt wird – ironischerweise, den Menschen wird er verwehrt. Viele alte Menschen, die mit großen Schmerzen leben müssen und für andere eine Bürde sind, wären froh, wenn sie diesen Tod wählen dürften. Wir können nur eines tun – und dies mit zweifelhaftem Erfolg: eine Willenserklärung niederlegen, in der wir unsere Angehörigen und die behandelnden Ärzte auffordern, keine außergewöhnlichen Maßnahmen zu ergreifen, um unser Leben künstlich zu verlängern.

KAPITEL 11

Das Hohe Alter spielen

Die ganze Welt ist eine Bühne, und Sie sind nicht der erste Darsteller, dem die Rolle des Hohen Alters aus Molnárs Liliom zufällt. Das Publikum hat das Stück schon tausendmal gesehen und kennt Ihren Text besser als Sie selbst. Die Rolle, die man von Ihnen erwartet, ist nicht schmeichelhaft. Die Chargen, die vor Ihnen als Hohes Alter auf die Bühne traten, waren verschroben, geizig, großmäulig, langweilig, fordernd und eingebildet. Sie jammerten über ihre Krankheiten, die Ungerechtigkeit der Welt und die guten alten Zeiten. Sie werden überrascht sein, wie einfach es ist, die Rolle auf diese Weise nachzuspielen. Das Publikum erwartet diese Vorstellung und läßt, wie ein Kind bei seiner Gutenachtgeschichte, nicht viele Änderungen zu. Und wie ein Publikum über jedes Wort und jede Geste eines Komödianten lacht, wird es Ihre kleinste Geste als das gelungene Porträt einer vertrauten und in der Regel unerfreulichen Charaktercharge interpretieren.

Es wäre falsch, daraus zu schließen, daß Sie Ihre Rolle nur mit Ihrem wahren Ich füllen müßten, um zu zeigen, wer Sie sind. Junge Menschen zeigen die gleichen Eigenarten wie alte Menschen, wenn Sie den gleichen Situationen ausgesetzt sind; und wenn bestimmte Eigenheiten für alte Menschen besonders charakteristisch scheinen, so liegt das einfach daran, daß die Umstände ihres Entstehens häufiger und zwangsläufiger auftreten. Das ist eine sehr wichtige und praktische Erkenntnis. Wenn nämlich Eigenschaften wie Knausrigkeit, Angeberei und andere Schrullen angeboren sind und mit dem Alter nur stärker bemerkbar werden, dann kann man nicht viel gegen sie tun. Läßt sich ihre Häufung aber auf die besonderen Bedingungen und Umstände zurückführen, unter denen alte Menschen leben, ist das Problem leichter zu lösen. Wenn Sie nicht Ihren eigenen Charakter zeigen, aber ein guter Charakterdarsteller sind, dann können Sie auch unter anderen Bedingungen eine andere Rolle überzeugend spielen.

Ein paar Beispiele

Alte Menschen sind in der Tat oft knickrig. Im allgemeinen geben sie wohl weniger Trinkgeld als jüngere, klagen mehr über die Preise und machen billigere Geschenke. Aber in der Regel sind vermutlich ihre Mittel mehr beschränkt, und was sie erspart haben oder von der Sozialversicherung erhalten, schmilzt mit der Geldentwertung zusammen. Ihnen fällt es auf, wenn sie für die gleichen Lebensmittel im Supermarkt immer mehr zahlen müssen und die Miete für dieselbe Wohnung ständig steigt. Eine andere Ursache für Knausrigkeit gilt für bescheidene wie vermögende alte Leute. Die Angemessenheit eines Preises gehört zu den Dingen, die alte Menschen in jungen Jahren gelernt haben. Ein Verhalten, das man heute knausrig nennt, war zu ihrer Zeit vielleicht selbstverständlich und wurde zur Gewohnheit. So wie sie Redewendungen benutzen und Kleider tragen, die aus der Mode gekommen sind, drükken sie weiterhin der Garderobenfrau zwanzig Pfennige in die Hand, wenn andere eine Mark spendieren. Wollen Sie die Rolle des Hohen Alters in modernem Gewand spielen, dann müssen Sie freilich auch einen neuen Text und ein neues Auftreten auf der Bühne proben.

Alte Menschen sind oft langweilig, schon weil sie soviel über die alten Zeiten sprechen. Als die alten Leute und ihre Freunde jung waren, da war dies die jüngste Zeit, und sie sprachen über aktuelle Ereignisse. Wenn die Alten jetzt den Jungen davon erzählen, erscheint das denen wie ein Bericht aus grauer Vorzeit. Wenn Sie kein tolles Erzähltalent sind, werden Ihre jungen Bekannten die Geschichte kaum so reizvoll finden wie Sie selbst. Vielleicht setzen Sie sich ein zeitliches Limit: Erzählen Sie nie von persönlichen Erfahrungen, die mehr als ein Jahrzehnt zurückliegen, solange Sie niemand dazu auffordert.

Alte Menschen sind auch deshalb langweilig, weil sie mit den Menschen ihrer Umgebung inzwischen nur wenig Interessen mehr gemein haben. Als sie jung waren, suchten sie sich ihre Freunde nach gemeinsamen Neigungen und Interessen aus. Am Arbeitsplatz unterhielten sie sich mit ihren Kollegen über Probleme, die sie alle berührten. Sie schlossen sich Organisationen und Vereinen an, in denen sie mit anderen zusammen ihre besonderen Interessen verfolgen konnten. Doch viele dieser Interessengemeinschaften lösen sich auf, wenn ihre Mitglieder in den Ruhestand treten und sich ins Haus ihrer Kinder oder in Altenheime zurückziehen oder in alten Wohnvierteln leben, die immer mehr ausbluten. Dort werden die Häuser saniert und die Menschen krank. Eine Lösung kann darin bestehen, ganz bewußt nach neuen Leuten Ausschau zu halten, mit denen einen wechselseitige Interessen verbinden und die deshalb auch bereit sind zuzuhören.

Alte Menschen sind auch deshalb oft ermüdend, weil sie sich wiederholen. (Jonathan Swift nahm sich vor, »denselben Leuten nicht immer wieder dieselbe Geschichte zu erzählen«.) Auch junge Menschen wiederholen eine gute Geschichte, wenn sie neue Zuhörer finden. Alte Leute aber haben ihre guten Geschichten viel öfter erzählt, und darum kann es ihnen viel eher passieren, daß sie sie demselben Publikum mehrmals vorsetzen. Außerdem vergessen sie leicht, daß sie sie schon zum besten gegeben haben. Wenn irgend etwas Sie an eine Ihrer Lieblingsgeschichten erinnert: Gehen Sie auf Nummer Sicher, fragen Sie nach, ob Sie das schon einmal erzählt haben, und fragen Sie lieber zweimal!

Man wird auch leicht zu einem Langweiler, wenn einem die Leute aus lauter Respekt vor der Altersrolle falsche Erfolgserlebnisse vorgaukeln. Ihr Nicken und Lächeln ermuntert Sie weiterzuerzählen. Im Theater würden diese Zuhörer hinausgehen, doch Ihrer Suada leihen sie höflich ihr Ohr. Bei den nächsten Auftritten wird Ihr Publikum wahrscheinlich kleiner sein. Höflichkeit und Respekt vor dem Alter verstärken auch eine andere langweilende Eigenschaft – die Langatmigkeit. Die jüngeren Zuhörer werden Ihren Redefluß nicht unterbrechen. *Berücksichtigen Sie die Rücksicht, die man Ihnen als altem Menschen entgegenbringt.*

Alte Leute werden langweilig, wenn sie über ihre Krankheiten sprechen. Das gleiche gilt natürlich oft auch von jungen Leuten. Operationen und die letzten medizinischen Fortschritte sind faszinierend, aber im allgemeinen nur für die, welche da gerade Erfahrungen gesammelt haben. Je länger Sie leben, um so mehr können Sie davon erzählen. Das Thema Krankheit kommt noch aus einem anderen Grund dauernd zur Sprache. Die Leute reden nicht über das Wetter, weil es so wichtig wäre, sondern weil sie eine Gesprächspause ausfüllen wollen. In einer solchen Situation haben alte Leute immer ihre Krankheiten parat. Das ist oft peinlich genug, aber mit der Frage »Wie geht's?« gibt man ihnen ja geradezu das Startsignal.

Es ist natürlich am einfachsten, nicht von Krankheiten zu sprechen, wenn man keine hat – aber das ist wohl ein bißchen zuviel verlangt. Was wir brauchen, ist ein guter Grund, *nicht* über unsere Gebrechen zu reden. Wir sollten uns dann bei unseren alltäglichen Beschwerden ein Beispiel an jenen nehmen, die soviel Heroismus besitzen, selbst arge Leiden klaglos zu ertragen. Trauen Sie sich die Rolle des Hohen Alters zu, das niemals über Pein und Schmerzen spricht? Versuchen Sie es, und Sie werden entdecken, daß man Ihre Gesellschaft nicht nur mehr schätzt, sondern auch öfter sucht.

Man sagt alten Leuten oft nach, daß sie den Mund zu voll nehmen und alles besser wissen. Nicht alle beherzigen die Altersweisheit, die Shakespeare in *Viel Lärm um nichts* empfahl:

»Ich spreche nicht als Tor und blöder Greis,
noch unter meines Alters Freibrief prahl' ich,
was ich als Jüngling tat, was ich noch täte,
wär' ich nicht alt...«

Die unbestrittenen Unvollkommenheiten der späten Jahre sind eine bequeme Entschuldigung, wenn einem alten Menschen etwas mißlingt, und es ist leicht, sich mit vergangenen Taten zu brüsten, denn niemand kann verlangen, daß man eine wiederholt. Versuchen Sie doch lieber, Ihr Alter liebenswert und erfolgreich zu gestalten – aber geben Sie um Gottes Willen nicht damit an, wie toll Sie mit dem Alter zurechtkommen!

Alte Menschen neigen zum Moralisieren. La Rochefoucauld wies auf eine der Ursachen hin: »Das Alter tröstet sich damit, gute Vorschriften zu erteilen, weil es keine schlechten Beispiele mehr bieten kann.« Aber es gibt noch einen gewichtigen Grund. Wieder einmal machen alte Leute den Fehler, die Dinge auf ihre gewohnte Art zu tun. Als sie jung waren, kritisierten sie sehr wirkungsvoll ihre Altersgenossen, die gegen die herrschenden Normen verstießen. Heute zeigt eine Kritik nach diesen gleichen alten Maßstäben zumindest bei den Jungen wenig Sinn und Wirkung. Sie schadet nur dem Kritiker. Es ist besser, jungen Menschen ihre eigenen Normen zuzugestehen, auch wenn Sie weiterhin nach Ihren leben.

Zusammenfassung

Falsche Zitate sind ein Vorrecht des Alters. Wir nützen es zu einem Resümee mit den Versen von William Butler Yeats aus *Das Wunschland des Herzens* (oder so ähnlich), wonach es nicht zu spät ist, das Alter zu verwandeln in ein Land:

> »Wo man alt wird, doch nicht feierlich und fromm,
> wo man alt wird, doch nicht schlau und weise,
> wo man alt wird, doch nicht mit bitterer Zunge.«

Sie werden mit diesen Worten nicht einverstanden sein, wenn Sie das Alter als eine Lebensphase begrüßt haben, in der Sie Ihrer Zunge endlich freien Lauf lassen können. Mehr als ein alter Mensch hat schon erleichtert gesagt: »Gottlob, jetzt muß ich nicht länger nett zu den Leuten sein!« Aber das ist eine gefährliche Einstellung. Die Jugendrebellion der sechziger Jahre hat sie sich gegenüber den Alten zu eigen gemacht – »Trau keinem über Dreißig!« – und Flegel haben sich zu allen Zeiten so benommen. Dabei kommt nichts heraus. Die Attitüde der sechziger Jahre hat sich überlebt, und mit Lümmeln mag sich niemand plagen. Ein paar alte Leute entwickeln sich mit Erfolg zu »Charakter«-Darstellern; aber nur, wenn sie sich auf eine ganz bestimmte unerfreuliche

Eigenart spezialisieren: Sie sind verschroben, aber nicht knausrig oder knausrig, aber auf amüsante Weise. Das Alter hat seine Freiheiten, doch hüten Sie sich, sie allzu extensiv zu nutzen. Denn eines ist auch das Alter nicht: frei von jeder Kritik.

Einige der unerfreulichen Eigenheiten der alten Menschen zu erklären, heißt nicht, sie zu entschuldigen. Wir haben in diesem Buch immer wieder gesagt, was Shakespeare ähnlich formulierte:

> »Nicht durch die Schuld der Sterne, lieber Brutus, noch durch *eigene Schuld* sind wir Schwächlinge. Es liegt an der Welt, in der wir leben.«

Doch das kann nicht bedeuten, daß wir uns von der Kritik an unseren Fehlern freisprechen dürfen. Ebensogut könnte man verlangen, ein jugendlicher Straftäter sollte freigesprochen werden, weil sein Delikt sich auf die schlechten Einflüsse seiner Kindheit zurückführen ließe. Kritik, Lohn und Strafe sind gesellschaftliche Sanktionen und traditionelle Mittel, Menschen zu verändern, und wir müssen an ihnen festhalten, bis bessere Wege gefunden sind – bis dafür gesorgt ist, daß ihre Lebensbedingungen die Entwicklung junger Menschen weniger hemmen und belasten, und eine Welt für alte Menschen geschaffen ist, die ihren Lebensbedürfnissen besser entspricht. Wir haben diese Welt betrachtet – nicht um alte Menschen gegen Kritik in Schutz zu nehmen, sondern um zu sehen, wie sie verändert werden kann, damit die Ursachen ihres kritischen Verhaltens aus der Welt geschafft werden.

Eine große Leistung – »die Größe und Vortrefflichkeit des Alters«

Es war einmal nicht Shakespeare, sondern Cicero, der sagte: Das Leben sei ein Schauspiel mit einem miserablen Abgang. Das liegt wohl daran, daß uns allen eine wirklich große Vorstellung so schwerfällt.

Wird die Rolle des Hohen Alters mit wahrer Begabung gespielt, so ist sie von Gelassenheit und Weisheit, von innerer Freiheit, Würde und Humor geprägt. Jeder würde sie gern so spielen, doch nur wenige besitzen den Mut, es auch zu versuchen. Die meisten haben wohl das Gefühl, sie seien dafür die falsche Besetzung.

Aber sind dies Charakterzüge von ein paar außergewöhnlichen alten Menschen oder die Züge durchschnittlicher Menschen unter außergewöhnlichen Altersbedingungen? Wenn das zweite zutrifft: Kann man dann die Bedingungen nicht so verändern, daß jeder, der das Hohe Alter übernimmt, seine Rolle besser spielt, eine große Vorstellung gibt?

Mit Worten wie Heiterkeit und Gelassenheit beschreiben wir eine Empfindung oder eine Gemütsverfassung, doch die Voraussetzung dieses Zustands liegt außerhalb unser selbst. Die Welt muß friedlich-heiter sein, ehe die Mehrheit der alten Menschen sich eines Gefühls der Gelassenheit erfreuen kann. Eine gelassene, friedvolle Welt wird keine Welt sein, in der Sie die Hände in den Schoß legen können. Sie werden weniger tun, doch mit größerer Freude. Das Alter, sagt Emerson, ist die Zeit, in der man die Segel einholt, doch es ist keine Zeit, in der man sich einfach treiben läßt.

Gelassenheit wird manchmal auch als ein Zustand betrachtet, in dem alte Menschen in innerer Stille leben – zum Beispiel von ihren Erinnerungen. Sie haben eine Fülle von Erinnerungen und die Zeit, sie noch einmal zu durchleben; aber ob es ihnen Freude macht, hängt ganz von der Art dieser Reminiszenzen ab. Ein Alter, das in Bedauern und Reue verbracht wird, kann nicht sehr erfreulich sein; doch glückliche Stunden sind der Erinnerung wert, wie der englische Dichter Leigh Hunt wußte:

> »Gesundheit und Reichtum, wo sind sie geblieben?
> Sagt, ich bin traurig, sagt, ich bin matt,
> Sagt, daß ich alt werd', doch war's mir beschieden,
> Daß Jenny mich einmal geküßt hat.«

Die meisten alten Menschen werden nicht viel Zeit

aufwenden müssen, um Erinnerungen dieser Art auszukosten.

Natürlich und zu Recht sind sie stolz auf die schwierigen Unternehmen, die sie zu einem guten Ende gebracht haben, und stolz auf die herzlichen Freundschaften, die sie geschlossen haben. Das sind wirklich *Leistungen*, die sie vollbrachten. Leider gehören sie der Vergangenheit an. Alte Menschen aufzufordern, sich ihres Daseins in der Erinnerung an das schöne Leben früherer Zeiten zu freuen, das führt nicht weit. Es ist, als wollte man einem deprimierten jungen Mann mit den Worten helfen: »Denken Sie doch an all die Dinge, über die Sie froh sein können – eine liebende Frau, glückliche Kinder, ein angenehmes Heim, keine finanziellen Sorgen.« Das Dumme ist: Das alles hat er schon! Was er braucht, ist ein neues Ziel. Sich in innerem Frieden vergangener Glücksgefühle zu erinnern und so zu versuchen, heute glücklicher zu sein, erinnert an Shakespeares *Richard II.*:

> »Oh, wer kann Feu'r dadurch in Händen halten, daß er den frost'gen Kaukasus sich denkt ... Die Vorstellung des Guten gibt nur desto stärkeres Gefühl des Schlimmren.«

Still und untätig vor sich hinzuleben, das erspart wohl ein paar Probleme. Aber absolut nichts zu tun, das ist wie einzuschlafen in der Kälte und erfrieren. Überleben werden Sie nur, wenn Sie sich bewegen, aktiv bleiben. Vielleicht sollten alte Menschen sich erst sehr spät im Leben auf Gelassenheit und inneren Frieden einlassen.

Nicht jeder geht früh zu Bett und steht früh auf, aber beinahe jeder möchte gesund, reich und weise sein. Wir haben Gesundheit und Reichtum anderen überlassen. Aber wie steht es mit der Weisheit? Sie ist ohne Zweifel eine der Eigenschaften, die am häufigsten an alten Menschen bewundert werden – und zum Teil einfach deswegen, weil sie alt sind. Sie haben viel gesehen und erlebt. Sie sind »nicht von gestern«. Sie sind gereift, »abgelagert«. Sie kennen sich aus. Das höchste Staatsorgan im alten Rom hieß *senatus* (Senat), abgeleitet von *senex*, der Greis, und viele Religionen sprechen von denen, die wichtige Ämter bekleiden, als den »Alten«.

Leider hat der technologische Fortschritt uns alle, alt wie jung, um die Chance gebracht, zu einem Born des Wissens und der Weisheit zu werden. In Platos *Phaidros* klagt Thamos über die Erfindung des Alphabets. Fortan, so sagt er, werden die Menschen Dinge scheinbar wissen, über die sie in Wahrheit nur gelesen haben. Die Menschheit hätte es nicht sehr weit gebracht, wenn sie sich mit dem bißchen Wissen begnügt hätte, das sich im Kopf eines einzelnen in einer Lebensspanne ansammelt. Aber sie hat das Wissen beinahe vollständig aus den Köpfen in die Bücher verlegt – und inzwischen in Computer. Vor der Erfindung der Schrift und dann des Buchdrucks wurde das Wissen mündlich weitergegeben, von den Alten an die Jungen; aber damit ist es für immer vorbei. Junge Menschen gehen selten mehr zu alten Handwerkern in die Lehre; sie besuchen technische

Lehranstalten oder Landwirtschaftsschulen. Sie lauschen nicht mehr fahrenden Sängern, um die Geschichte ihres Geschlechtes oder ihrer Nation zu lernen; sie lesen Geschichtsbücher. Die geheiligten Worte des Glaubens, einst von heiligen Männern verkündet, finden sich heute in den »Schriften« – in Pergamentrollen und Bibeln aus der Zeit vor und nach Gutenberg. Menschen werden nur noch gebraucht, wenn sie über jene Art des Wissen verfügen, die Bücher noch nicht vermitteln können. Wir schlagen kein Buch auf, wenn wir ernsthaft krank sind, sondern wir wenden uns an einen Arzt; an einen Geigenlehrer, wenn wir das Violinspiel erlernen, an einen Maler, wenn wir Zeichnen, an einen Trainer, wenn wir Tennis lernen wollen. Auch manche alten Menschen sind Spezialisten auf Gebieten, wo Bücher ihre Erfahrung nicht ersetzen können.

Ihre Enkel werden Sie wohl kaum um Rat angehen, wenn sie einen Beruf wählen: Sie gehen zur Berufsberatung. Sie fragen Sie vielleicht nicht einmal, wie es in Ihrer Jugend zugegangen ist; die skurrilen alten Sprechapparate, die witzigen Kraftdroschken mit der Handkurbel, die komischen Klamotten von dazumal, die spaßigen Tänze – all das kann man im Fernsehen sehen. Vielleicht können Sie ein bißchen aus der Vorzeit der Familie erzählen und in Ihren Erinnerungen Anekdoten auskramen, die nicht in Druck gegangen sind – aber die Zahl Ihrer Zuhörer wird klein sein.

Die Weisheit, die man bei alten Menschen sucht, bezieht sich auf ihr Alter selbst. Wenn Sie trotz aller Unzulänglichkeiten mit sich und Ihrem Leben im

Einklang sind, dann können Sie zu einer Autorität werden. Leute werden zu Ihnen kommen, um Ihr Geheimnis zu erfahren; und Sie wären ein Knicker, wenn Sie es nicht mit vollen Händen gäben.

Freiheit

Man hat das Alter als eine Befreiung gefeiert. Alte Menschen seien frei von den heftigen Leidenschaften, die das Leben junger Jahre so beschweren, frei von Verantwortung und Ehrgeiz, der sie früher umtrieb. Allerdings kann der Ruf von so viel Freiheit auch gefährlich sein. Cicero warnte davor, zu viele der eigenen Rechte preiszugeben:

> »Das Alter wird nur unter der Voraussetzung geehrt, daß es sich zur Wehr setzt, seine Rechte wahrt, sich niemandem geduldig fügt und bis zum letzten Atemzug die eigene Domäne wahrt.«

König Lear mußte mit Schmerzen seinen Irrtum erkennen: Übergib dein Reich deinen Kindern, und es kann sein, daß du dich in der Kälte findest. Das ist oft das Schicksal reicher Leute, die sich von ihrer Verantwortungsbürde befreien wollen, indem sie ihr Vermögen den Kindern oder Stiftungen übertragen. Es widerfährt Unternehmern, die die Leitung ihrer Firma in jüngere Hände geben; Politikern, die dem Nachwuchs Platz machen; und Wissenschaftlern, Malern, Komponisten und Schriftstellern, die sich zurückziehen und anderen das Feld überlassen. Man behandelt sie vielleicht nicht so schäbig wie König Lear, aber sie werden überrascht sein, wie rasch sie in Vergessenheit geraten.

Und dennoch kann man sich am Alter erfreuen als einer Lebensspanne, in der man sich befreit von allzu großer Verantwortung, leidenschaftlichen Gemütsbewegungen und übertriebenem Ehrgeiz.

Würde

Der General, der militärisch straff und unerschüttert im Jeep über unwegsames Gelände holpert, und die Königin, der man nicht anmerkt, daß ihr gerade ein ungeschickter Lakai ein Glas Champagner in den Nacken kippte – sie werden bewundert, weil sie ihre Würde wahren. Die Festigkeit des Charakters obsiegt auch bei zeitweiligen Irritationen. Alte Menschen fahren gewissermaßen immer in einem rüttelnden Jeep unter kalten Nackengüssen. Manchen gelingt es, ihre Würde zu bewahren.

Von vielen wird es als Schmach des Alters empfunden, wenn man ihnen dieses Alter auch ansieht. Wenn Sie einmal attraktiv waren, erinnern Sie sich gewiß der Zeit, als die Menschen (besonders vom anderen Geschlecht) zum erstenmal ohne einen zweiten Blick an Ihnen vorübergingen. Da ist es kein Wunder, daß alte Leute sich sehr oft bemühen, jünger zu erscheinen, als sie sind. Aber diese Flucht vor dem Alter macht es um so schwerer, der Wahrheit ins Gesicht zu sehen, wenn sich nicht mehr leugnen läßt, daß Sie alt aussehen. Jünger aussehen zu wollen, ist im allgemeinen risikolos, aber sich so zu *verhalten*, als wäre man jünger, birgt Gefahren. Einen Bus mit dem flotten Satz eines Dreißigjährigen erklimmen zu wollen, das kann mehr als nur einen Verlust an Würde bedeuten. Im Alter, hat jemand gesagt, lassen sich manche Freuden der Jugend nur noch bei Todesstrafe genießen.

Wenn Sie nun einmal alt sind, dann verleihen Sie doch Ihrem Alter Attraktivität! Wenn Sie sich ein Toupet oder ein Haarteil zulegen, dann wählen Sie sorgfältig die passende Farbe. Schließlich ist graues oder weißes Haar distinguiert und paßt zu Kleidern und Halstüchern jeder Farbe. Gepflegte Zähne spielen fürs Aussehen eine Rolle, und die zahnärztliche Orthopädie ist nicht nur für Heranwachsende da. Eine gute Figur wird mit zunehmenden Jahren auch eine Frage der straffen Körperhaltung, und die können Sie in der Regel verbessern. Arthritis zwingt manchen zu einer gebeugten Haltung; aber eingefallene Schultern gehen oft auch auf eine Vernachlässigung der Muskeln zurück. Man kann das ja auch üben: die Schultern zurücknehmen – und was als bewußtes Straffen beginnt, wird schließlich zur selbstverständlichen Bewegung.

Wir fühlen uns geschmeichelt, wenn man Komplimente über unser jugendliches Aussehen macht, und je älter wir sind, desto besser gefällt es uns. Das war nicht immer so. Im Alter von Vierzehn hat es uns vermutlich gefallen, wenn wir für Sechzehn gehalten wurden, und mit Sechzehn genossen wir es, wie Achtzehn zu wirken; aber irgendwann in den frühen Zwanzigern kehrte sich die Richtung um. Mit Vierundzwanzig sind wir kaum entzückt, wenn jemand uns für Dreißig, und noch viel weniger mit Sechzig, wenn man uns für Siebzig hält. Sind Sie wirklich mit Ihrem Alter im reinen, dann werden Sie sich auch dazu bekennen. »Für Ihr Alter sehen Sie aber jung aus!« ist als Kompliment gemeint, aber die richtige Antwort darauf lautet: »Genauso, wie ein Mensch meines Alters aussieht.« Der Versuch, sich jünger zu machen, führt selten zum Erfolg. Es gibt einen überzeugenden Grund, die Wahrheit nicht zu leugnen und sich in Aussehen und Verhalten zu seinem Alter zu bekennen und es frank zu nennen: Sie wahren damit Ihre Würde.

Sinn für Humor

Man wird zum Opfer von Scherzen, weil man ganz normale Dinge tut, die unerwartete Folgen haben. Man knipst ein Feuerzeug an, und es fällt auseinander; man pustet eine Kerze aus, und sie flammt wieder und wieder auf. Solche Scherze sind nicht besonders witzig – aber just Streiche dieser Art spielt die Welt alten Menschen. Sie sitzen in einem schwach beleuchteten Restaurant und sprechen weiter, ohne bemerkt zu haben, daß Ihr Freund aufgestanden und zum kalten Büffet gegangen ist. Sie beteiligen sich an einer Unterhaltung und müssen feststellen, daß Sie völlig mißverstanden haben, worum es sich dreht. Andere amüsieren Ihre Mißgriffe. Aber finden Sie das auch erheiternd?

Wir haben alle schon Leute kennengelernt,

denen anscheinend jede Spur von Humor fehlt; natürlich merken wir es nicht, wenn das auch für uns selbst gilt. Andererseits haben wir alle schon Menschen kennengelernt, für die das Leben ein ständiger Anlaß zur Heiterkeit zu sein scheint. Ist der Sinn für Humor nun ein genetisches Merkmal oder muß man ihn früh erlernen? Für uns ist es wichtiger, ob wir ihn noch im Alter erwerben können. Wir kommen heim nach einem langen Tag, an dem alles schiefgelaufen ist, und nun können wir unserem Ehepartner entweder ein Klagelied davon singen oder einfach Stories erzählen, von denen eine verrückter ist als die andere. Die Resultate sind höchst unterschiedlich. Mit unserem Gejammer ändern wir gar nichts; aber der Sinn für das Groteske an der Situation bringt den schlechten Tag zu einem guten Ende.

Es hat schon mancher bemerkt, daß die komischen Ereignisse oftmals nur mildere Versionen von sehr unangenehmen oder schmerzhaften Erfahrungen sind. Es mag komisch sein, wenn ein junger Freund über seine Füße fällt; aber nicht, wenn er sich dabei die Hüfte bricht. Es ist amüsant, wenn ein Ausländer über die Tücken unserer deutschen Grammatik stolpert; aber eine wirre Ausdrucksweise macht uns ärgerlich. Es gibt eine Art von Witz und Spott, die uns erheitert; aber wenn man sie ernst nimmt, wird sie leicht zum Hohn und verletzend. Es hängt von der Situation ab, wann etwas Komisches in Ärgernis oder Kränkung umschlägt. Wenn man schon lacht, ist es leichter, weiterzulachen. Deshalb wird im amerikanischen Fernsehen das Publikum angeblich komischer Shows vor der Sendung von einem besonderen Entertainer animiert, dessen Witze man besser nicht in den Äther schickt. Es ist bestimmt nicht leicht, alte Leute dazu zu bringen, ihr Alter komisch zu finden; aber heitere Dinge können ihr Leben bereichern. Man kann heitere Geschichten lesen, lustige Sendungen ansehen, mehr Zeit mit den witzigen Freunden verbringen – das alles ist besser, als die Todesanzeigen in den Zeitungen zu studieren oder Geschichten über die Trübsal des Alters zu lesen.

Die wirklichen Leiden des Alters müssen natürlich ernst genommen werden; doch wo immer es möglich ist, sollte man die Gelegenheit beim Schopf packen, die Dinge des Lebens von ihrer heiteren Seite zu betrachten. Vielleicht fangen Sie mit den kleinen Ärgernissen des Alltags an, die Sie nicht gar so sehr verstimmen. Wenn Sie damit Erfolg haben, lachen Sie mit ein bißchen Glück bald auch über Dinge, die Sie heute noch bedrücken.

Vom Nutzen der Vorbereitung auf das Alter

Wie gut auch immer der Schlußakt umgeschrieben wird: nicht jeder spielt das Hohe Alter mit Glanz und Gloria. Sie werden sich vielleicht mit einer anständigen Darbietung begnügen müssen. Haben Sie ein gutes Skript, dann werden Sie auch weniger Ärger haben und eine gute Chance zu tun, was Ihnen Freude macht, und zu lassen, was Sie ärgert. Und mit einer guten Portion Humor kommen Sie auch den Dingen leichter bei, die dann noch immer bleiben.

Leichter würde alles sein, wenn Sie sich beizeiten darauf vorbereitet hätten; und Sie hätten es eher getan, wenn Sie das Alter nicht als Last gefürchtet, sondern als ein Problem betrachtet hätten, das es zu lösen gilt.

Beifall für eine große Vorstellung

In Kapitel 11 haben wir einige der Bedingungen betrachtet, die uns die Standardrolle des schrulligen, knausrigen, moralisierenden Hohen Alters so nahe legen. Wir wollen solche Charakterzüge alter Menschen damit nicht entschuldigen, sondern schauen, ob sich die Verhältnisse nicht so verändern ließen, daß man eine bessere Vorstellung geben kann. Nehmen wir jetzt einmal an, daß Sie zu jenen Menschen zählen, die ein Leben in Gelassenheit und Weisheit mit Freiheit und Würde und Humor genießen, weil sie ein gutes Skript vorfanden und die äußeren Verhältnisse stimmten. Doch wenn wir Ihre gelungene Darbietung auf Ihr Textmanuskript zurückführen, verkürzen wir damit nicht Ihre persönliche Leistung? Kann nicht beides zusammenkommen? Wenn es, lieber Brutus, nicht an dir liegt, sondern an der Welt, in der du lebst, wo hat das persönliche Verdienst dann seinen Platz?

Machen Sie sich darüber keine Gedanken. Das Publikum zischt immer den Schurken aus und bejubelt den Helden. Man wird Ihre Darstellung bewundern, und es ist den Leuten ganz gleichgültig, unter welchen Umständen Sie sie vollbringen. Bewunderung ist eines der Mittel, mit denen unsere Gesellschaft zu großen Leistungen anspornt, und das Publikum wird sogar applaudieren, wenn die Rolle so gut geschrieben ist, daß Sie gar nicht anders können, als Sie gut zu spielen.

Und wenn Sie sich selbst die Welt gebaut haben, in der Sie ein Leben des inneren Friedens, der Heiterkeit und Würde führen können, ein Leben, an dem Sie sich freuen, ist Ihnen doppelte Bewunderung gewiß – nicht nur weil Sie eine große Vorstellung geben, sondern weil Sie auch einen letzten Akt geschrieben haben, der sich so gut spielt.

Bemerkungen zu der Sprache, in der dieses Buch geschrieben ist

Das Wort *behavior* (Verhalten) wurde vor fünf Jahrhunderten zum erstenmal verwendet und hat seitdem viele Spezialbedeutungen angenommen und abgelegt. In *The Behavior of Organismus* (1938) bot ich folgende Definition an: »Verhalten ist das, was ein Organismus *tut*«. Sie wäre dienlicher, wenn das *Oxford English Dictionary* nicht volle sechs große, dreispaltige Seiten für die Geschichte der Formen und einzelnen Bedeutungen des Wortes *tun* brauchte. Doch von Anfang an hat *tun* bedeutet: *irgendeine Wirkung erzielen,* und das ist die zentrale Bedeutung des Wortes »Verhalten« in seinem heutigen wissenschaftlichen Gebrauch. Ob es nun angeboren oder erworben ist: Verhalten wird immer durch seine Folgen selektiert. Bei der natürlichen Auslese bilden die Folgewirkungen den Beitrag des Verhaltens zur Erhaltung der Arten. In der operanten Konditionierung bezeichnet man eine wirkungsvolle Folge als Verstärker. Sie verstärkt das Verhalten, indem sie die Wahrscheinlichkeit erhöht, daß es sich unter vergleichbaren Bedingungen wieder einstellt. *Operant Conditioning* wird im Laboratorium mittels der Herstellung komplexer und subtiler Beziehungen zwischen Bedingungen, Verhalten und Folgewirkung untersucht.

Für die Darstellung der Ergebnisse einer solchen Analyse und eine technische Anwendung ihrer Prinzipien auf das Alltagsleben ist ein technisches Vokabular notwendig. Wenn man demonstrieren will, wie sich einige dieser Prinzipien für die Lösung eines praktischen Problems, wie beispielsweise die Lebensfreude im Alter, anwenden lassen, wird im allgemeinen die Alltagssprache genügen. Wir haben von unseren Lesern nicht verlangt, sich zu Spezialisten auf dem Gebiet der experimentellen Verhaltensanalyse zu entwickeln. Doch für die Neugierigen unter ihnen folgen ein paar der in diesem Buch verwendeten Begriffe und die ungefähr entsprechenden Termini, die in einer wissenschaftlichen strengeren Analyse erscheinen würden:

Dinge tun =	*(sich) verhalten*
tun, was man tun will =	*sich auf eine Weise verhalten, die positiv verstärkt worden ist*
tun, was man zu tun hat oder tun muß =	*sich auf eine Weise verhalten, die negativ verstärkt worden ist*
tun, was man gern tut =	*sich auf eine Weise verhalten, die im Augenblick positiv verstärkende Folgewirkungen hat, aber nicht unbedingt mit langfristigen Konsequenzen verbunden ist*

nachdenken =	*sich (vielleicht verdeckt) verhalten in bezug auf*
bedürftig =	*depriviert, in einem Zustand des Mangels*
sich freuen an =	*verstärkt werden durch*
wissen, wie man etwas tut =	*über eine bestimmte Art von effektivem Verhalten verfügen*
über etwas Bescheid wissen =	*über effektives Verhalten verfügen, das von einem bestimmten differenzierenden Reiz gesteuert wird*

Dies sind nur ungefähre Entsprechungen. In typischen Sätzen werden die links stehenden Begriffe die rechts stehenden nicht immer genau wiedergeben und umgekehrt. Das gleiche würde für eine ähnliche Liste von Äquivalenten in der Physik, Chemie oder Biologie gelten. Weitere Äquivalente finden sich in B. F. Skinner:
Wissenschaft und menschliches Verhalten, München 1973 und B. F. Skinner:
About Behaviorism, New York 1974.